SCRATCH
で楽しく学ぶ

石原 淳也 著
阿部 和広 監修

アート＆
サイエンス

改訂 第2版

日経BP

作る楽しさを「すべての年齢の子どもたち」に
（第1版まえがき）

「うちの子、家ではScratchばかりしています。もっと難しいのを教えてください」
「Scratch？ ああ、あのブロックみたいなものを組み合わせてゲームを作れる、子ども向けのツールですね」
「Scratchは卒業して、JavaとかPythonとか、ちゃんとしたプログラミング言語をやりましょう」

これらは、子どもたちにプログラミングを教える活動に関わる筆者の周りで度々聞く意見です。

- Scratchは子ども向けの簡単なツールである。
- Scratchはゲームしか作れない。
- Scratchはちゃんとしたプログラミング言語ではない。

本書は、Scratchに対するこうした「誤解」を解き、Scratchが対象年齢としている「すべての年齢の子どもたち」（Children of all ages：子どもから、子どものような好奇心を持った大人まで）にScratchの楽しさ、プログラミングの楽しさを伝えたいと思って書きました。

ScratchはアメリカのMIT（マサチューセッツ工科大学）メディアラボが開発したプログラミング学習環境です。その基本的な思想に「Low floor, high ceiling, wide walls」があります。low floorは「低い床」、わかりやすく操作も簡単で敷居が低いことを表し、high ceilingは「高い天井」、それでいて非常に高いレベルのことまで応用できることを意味し、wide wallsは「広い壁」、多様な作品をいろいろなやり方で作れるということです。

本書ではアートとサイエンスという一見高度で難しそうなテーマを選びました。このテーマを支える題材となる、等加速度運動、二進法、論理回路、確率、三角関数、モンテカルロ法、フラクタル図形は通常、高校生以上に向けたものです。Scratchは「高い天井」ですから、こうした高いレベルのこともできるのです。「Scratchは子ども向けの簡単なツール」ではないことがわかってもらえるかと思います。

もちろんScratchの「低い床」により、自分で手を動かしながら手軽に理解してもらえるよう解説しています。中学生あるいは小学生の方々にとっても、興味を持って読み進めてもらえるようになっています。

また、本書で紹介する作品はすべてゲーム以外のものです。これは、多様な作品をいろいろなやり方で作れる「広い壁」を示すScratchの側面であり、「Scratchはゲームしか作れない」わけではないことを示しています。

さらに各章の最後には、その章で紹介したScratchのプログラムを、他のプログラミング言語で書いた場合にはどうなるかを例示しました。これにより、他の言語とどう違うのか、あるいはどこが同じなのかを比較できるようになっています。他のプログラミング言語と比べて、Scratchがちゃんとしているか、あるいはそうでないかは、実際にいくつかのサンプルを見比べてみて判断してもらえたらと思います。

Scratchを用いたこれまでの書籍は、プログラミング初学者向けに書かれることが多く、Scratchをある程度使ったことがある中級者以上向けの書籍はあまりありませんでした。こうしたScratcher（いくつかプロジェクトを作成して、共有したり、他のプロジェクトに役に立つコメントをしたユーザーに与えられるScratchコミュニティ内での呼び名、称号）に向けて、今後の作品作りのヒントとなるような題材を提供したいとも思って書きました。

例えば第3章に登場する「三角関数」と聞くと、「難しそう」というのと同時に、「つまらなそう」と思う人もいるかもしれません。でも、テスト問題を解くために「三角関数」を勉強するのとは違って、美しい万華鏡模様を描くという目的のために「三角関数」を学んで使ってみるというのは、かなり楽しいものです。

今までわからなかったことが少しわかりかける喜び、それを応用して自分で設定した課題を解決していく楽しさを味わえるのがプログラミングです。Webサービスやアプリの開発を本業としている筆者が常に味わっているこの楽しさを、Scratchが初めての人、ある程度使ったことがある人、小中学生、高校生、プログラミングを学ぼうと思っている大学生、社会人、あるいは自分もやってみようかなと思った保護者の方々など「すべての年齢の子どもたち」に伝えたいというのが筆者の一番の思いです。

この本を手に取ってくださったあなたも「すべての年齢の子どもたち」のひとりです。

2018年5月　石原　淳也

「こんなこともできるんだ!」という驚きと奥深さ、楽しさを
（第2版での追記）

今回、改訂して第2版をお届けするにあたり、すべての章をScratch 3.0に対応させた上で、新たに第6章と終章を追加しました。また、第1版での第1章〜第5章の内容を見直し、簡単なプロジェクトから少しずつ難易度が高くなっていくように、章を入れ替えています。

第6章では、昨今のコンシューマーゲームでは当たり前になってきている3Dゲームを、CG（コンピューターグラフィックス）の基本的な技術の1つであるレイキャスティングを使って作るというチャレンジを行っています。
終章では、オリジナルの機能を持ったブロックを追加することができるScratchの独自拡張機能の作り方を紹介しています。
第6章と終章のいずれも、これまで書籍やインターネット上であまり紹介されてこなかった内容だと自負しています。

筆者が感じたScratchでこんなこともできるんだという驚きと、さらなるScratchの奥深さ、楽しさをお届けできたら幸いです。

2021年7月　石原 淳也

CONTENTS

CONTENTS

> Scratchは、MITメディア・ラボのライフロング・キンダーガーテン・グループの協力により、Scratch財団が進めているプロジェクトです。https://scratch.mit.edu から自由に入手できます。

「跳ねるボール」を作りながら、Scratchの操作に慣れよう

本書では、Scratchを使ってプログラミングを行います。Scratchは、アメリカのMIT（マサチューセッツ工科大学）メディアラボという研究機関のライフロング・キンダーガーテン・グループが開発した、「ソフトウェアを作るためのソフトウェア」、言い換えればソフトウェアとなるプログラムを作るための「プログラミングツール」です。

ブロックを組み合わせてプログラムを作っていくので、見た目にわかりやすく、誰でも簡単に操作できます。そのうえ、単純なものから複雑で高度なものまで、目的に応じたプログラムを作ることができます。

本書の特徴として、1〜5章の最後には、その章で紹介したScratchプログラム（コード）の内容を他のプログラミング言語で書いた場合のプログラム（ソースコード）も掲載しています。他の言語とScratchはどう違うのか、あるいはどこが同じなのかを比較することができます。

Scratchの操作方法に慣れるため、まずは簡単なプログラムを作ってみましょう。「ボールが地面に当たって跳ねる」シミュレーションのプログラムです。

 ## Scratchのサイトにアクセスする

Scratchはオンラインでウェブブラウザから利用します。以下のアドレスにアクセスして、Scratchのウェブサイトを開きます。

Scratchのウェブサイト
https://scratch.mit.edu/

Scratchが初めての方は、画面のメニュー右上にある「Scratchに参加しよう」からアカウントを作成することをおすすめします（**図1**）。アカウントを作成しておくと、作りかけの

Introduction

Chapter 1

Chapter 2

Chapter 3

Chapter 4

Chapter 5

Chapter 6

Special

Appendix

プロジェクトがクラウド上に自動保存されたり、作成したプロジェクトを共有できたりと、便利な機能が利用できるようになります（詳しくは補章を参照してください）。

図1 最初にアクセスした画面の上部にあるメニュー

新しくプログラムを作る

それでは、プログラムを作っていきましょう。「ボールが地面に向かって落ちていき、地面に当たったら跳ね返る」という動きをシミュレーションするプログラムです。

画面左上のメニューから「作る」をクリックします（**図2**）。

図2 メニューから「作る」をクリックしよう

すると、プログラム編集の初期画面になります。プログラムを作り始める前に、画面の各部分を説明します（**図3**）。

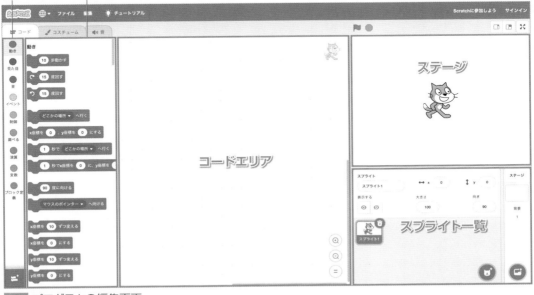

図3 プログラムの編集画面

9

一番右は上下に分かれており、上が「ステージ」で下が「スプライト一覧」です。Scratchのプログラムで動かすキャラクターのことを「スプライト」と呼び、この「スプライト」が動き回る場所が「ステージ」です。「スプライト一覧」にはさまざまな「スプライト」が並びます。最初はネコの「スプライト」しか登場しないので、「スプライト一覧」にはネコのみが並んでいます。

画面の一番左が「カテゴリー」、その右が「ブロックパレット」、そして真ん中が「コードエリア」です。「ブロックパレット」に並んだプログラムのブロックを、「コードエリア」にドラッグして移し、他のブロックとつなげていくことでプログラム（コード）を作っていきます。

ボールのコスチュームを描く

これから作るプログラムに登場するのは、一個のボールです。最初に用意されているネコのスプライトは必要ないので削除して、ボールのスプライトを新しく用意します。

ネコのスプライトを削除するには、スプライト一覧のネコの右上に表示されているゴミ箱のアイコンをクリックしてください（**図4**）。

図4 ゴミ箱のアイコンをクリックして削除する

次にボールのスプライトを追加するため、新しいスプライトを作ります。

スプライト一覧のエリアの右下にある、ネコの顔に＋サインがついたアイコンにカーソルを合わせ、筆の形をした「描く」を選びます（**図5**）。

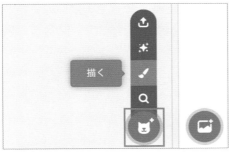

図5 ネコの顔のアイコンにカーソルを合わせてから、筆の形をした「描く」を選ぶ

　すると画面中央にペイントエディターが開きます。左上のタブを見ると、「コスチューム」が選ばれているのがわかります。コスチュームとは、スプライトの見た目のことを意味します（**図6**）。

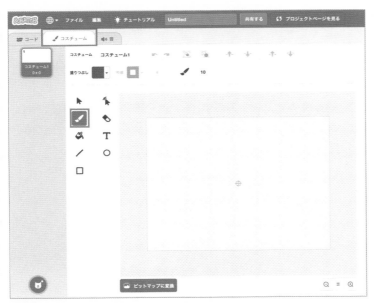

図6 ペイントエディターが開いたところ

　ペイントエディターの左側、アイコンが並んでいる部分で、上から2つ目の筆のアイコンを選びます。

Introduction

Chapter 1

Chapter 2

Chapter 3

Chapter 4

Chapter 5

Chapter 6

Special

Appendix

ペイントエディターでボールの絵を描きます。筆を使って適当な大きさの黒い丸をひとつ作ります。塗りつぶしの色のスライダーを操作して、色0、鮮やかさ100、明るさ0の黒色にします（**図7**）。

筆の横の数字が表す筆の太さは64に設定します（**図8**）。

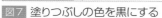

図7 塗りつぶしの色を黒にする

図8 筆の太さを64にする

マウスをエディターの部分に持ってくると、マウスのポインター部分、つまり筆先が黒い丸となっているはずです。画面の中心あたりをクリックしてインクを落とすような感じで、黒丸を描きましょう（**図9**）。

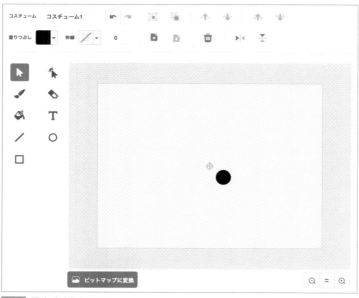

図9 黒丸を描く

Introduction
Chapter 1
Chapter 2
Chapter 3
Chapter 4
Chapter 5
Chapter 6
Special
Appendix

黒い丸の中心をコスチュームの中心にするための微調整を行います。

前ページの図のように黒い丸を画面の中心からやや右下にずれた位置に描いてしまったとします。スプライトが動くとき、コスチュームの中心が基準となるので、その中心が黒い丸の中心からずれているとおかしな動きになってしまいます。コスチュームの中心と黒い丸の中心を合わせておきましょう。

矢印のアイコンを選んだ後、黒い丸をつかんで中央に位置する「〇の中に＋がある」マークに重ねるようにします。

以上でボールのコスチュームを描き終わりました（**図10**）。

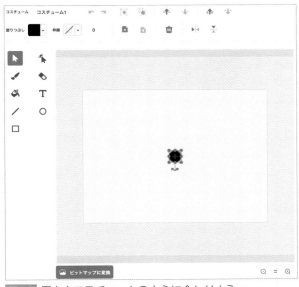

図10 黒丸をコスチュームの中心に合わせよう

ボールをスタート地点に用意する

描いたボールを実際に動かすプログラムを作っていきましょう。Scratchでは単純な命令を送るブロックを組み合わせることによって、簡単な動きから複雑な動きまで自由自在に、スプライトのボールを動かすことができます。

ボールを地面の方向（画面上では下方向）に動かしたいのですが、その前にいくつか基本

的な操作方法を説明します。

　左上のタブの中から「コード」を選び、ブロックパレットとコードエリアを表示します（**図11**）。

図11 「コード」を選び、ブロックパレットとコードエリアを表示する

　Scratchのプログラムはステージの右上にある緑の旗のボタンを押す（クリックする）ことで開始することができます。

　しかし、最初はこの緑の旗のボタンを押しても、何も起こりません（**図12**）。

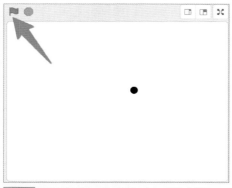

図12 緑の旗ボタンをクリックしてみよう

　緑の旗ボタンを押してプログラムを開始する、という部分もプログラムで用意する必要があるのです。「イベント」カテゴリーにある「緑の旗が押されたとき」のブロックをコードエリアにドラッグします（**図13**）。

 が正しい位置です。

図13 「緑の旗が押されたとき」ブロックをコードエリアにドラッグする

Scratchでは、このようにブロックを画面右側のコードエリアに移し、このエリア内でブロック同士をつなげることでプログラムを作っていきます。

間違ったブロックを削除する

間違ったブロックをコードエリア内に移してしまった場合、そのブロックを削除する方法はいくつかあります。ブロックをコードエリア外にドラッグするか（**図14**）、削除したいブロックの上で右クリックして「ブロックを削除」を選びます（**図15**）。ブロックの上にカーソルを置いて、Delete キーを押す、または Ctrl キーと x キーを同時に押しても、そのブロックを削除することができます。

図14 「緑の旗が押されたとき」ブロックをコードエリアにドラッグする

図15 削除したいブロックの上で右クリックして、「削除」を選ぶ

Introduction
Chapter 1
Chapter 2
Chapter 3
Chapter 4
Chapter 5
Chapter 6
Special
Appendix

Scratchではx座標とy座標を指定することでスプライトを動かすことができます。

ステージの中央が原点（X:0,Y:0）で、横方向がx座標、縦方向がy座標です。例えば、画面の一番右上はX:240, Y:180、左下はX:-240, Y:-180です（**図16**）。

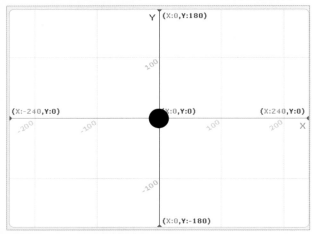

図16 Scratchのステージの座標

「緑の旗が押されたとき」のブロックのすぐあとに、「x座標を0、y座標を0にする」をつなげることで、プログラムが開始されたときには、いつもボールをステージ中央のX:0,Y:0に移動させることができます。

「x座標を0、y座標を0にする」のブロックは「動き」のカテゴリーにあるのですが、数字はボールの現在位置を反映するので、0でない可能性があります。その場合でも、構わず「x座標を[数字]、y座標を[数字]にする」のブロックをドラッグして、「緑の旗が押されたとき」のブロックの下につなげます（**図17**）。

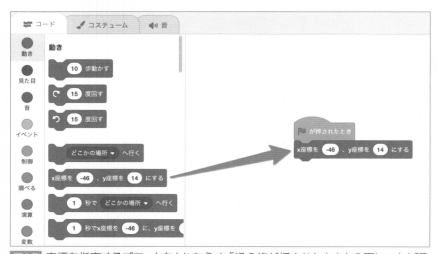

図17 座標を指定するブロックをとりあえず「緑の旗が押されたとき」の下につなげる

「跳ねるボール」を作りながら、Scratchの操作に慣れよう

Introduction

Chapter 1

Chapter 2

Chapter 3

Chapter 4

Chapter 5

Chapter 6

Special

Appendix

　つなげたブロックの数字の部分にカーソルを当ててクリックすると、その部分が水色になります。色が変わったら数字の値を変えることができるので、キーボードで「0」と入力します（**図18**）。このとき、全角ではなく、半角で入力することに気をつけてください。

図18 左側の数字のように水色になったら、その値を変更できる

　数字の部分を両方とも「0」に変更して、「x座標を0、y座標を0にする」のブロックにします（**図19**）。

図19 数字の部分を両方とも「0」に変更する

　試しにボールをステージ上でドラッグして、中心でない場所に移動しましょう。ステージ右上の緑の旗ボタンをクリックしてプログラムを開始してください。ボールがステージの中心に戻ることを確認しましょう（**図20**）。

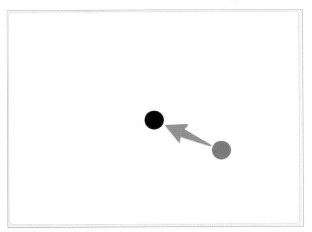

図20 ボールがステージの中心に戻ることを確認しよう

ボールをスタート地点に用意することができました。それでは、実際にボールを動かしていきます。

地面に向かって落下していくように動かすということは、下向きに動かすということです。y座標を0から-180に向かって、少しずつ減らしていきます。

まず、「制御」カテゴリーの「ずっと」のブロックをコードエリアにドラッグして、「x座標を0、y座標を0にする」の下につなげます。

次に、「動き」カテゴリーの「y座標を10ずつ変える」のブロックを「ずっと」の真ん中に入れます。10の部分をクリックして-1と入力し、「y座標を-1ずつ変える」に変更します（図21）。

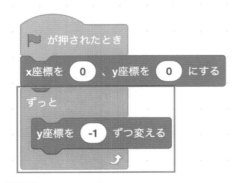

図21 このようなコードを作ろう

「ずっと」のブロックの真ん中にはさまれたブロックは、繰り返し実行されます。つまり、「x座標を0、y座標を0にする」でボールのy座標が0になったあと、繰り返し-1ずつ変えるので、-1になり、次に-2になり、次に-3になり、というようにずっと減り続けます。これによって、ボールは下向きに動いていきます。

緑の旗ボタンを押して、ボールが下に少しずつ落下していくのを確かめてください（図22）。

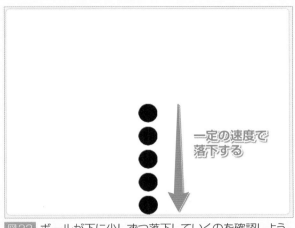

図22 ボールが下に少しずつ落下していくのを確認しよう

ボールは画面の下まで移動すると、そこで止まってしまいますが、プログラムは動いたまままです。プログラムを止めるには、ステージの右上、緑の旗ボタンの横の赤いボタンをクリックします（**図23**）。

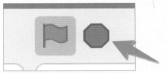

図23 赤いボタンをクリックしてプログラムを止める

 ボールに等加速度運動をさせる

ボールをただ下に動かすにはこれでもいいのですが、ボールを実際に落としたときにはこのような動きをしません。

ボールを手に持ってそっと離すことをイメージしてください。ボールは、最初はゆっくり落ち始め、次第にスピードを上げて、床に触れるころには最大の速度になります。このように速さが少しずつ一定の大きさで変わっていく運動のことを等加速度運動といいます。

これをプログラムで表現するには、「y座標を−1ずつ変える」の−1を「速さ」という「変

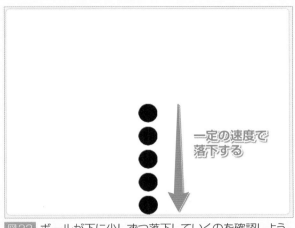

19

数」で置き換えます。そして、この「速さ」を少しずつ変えていきます。

　変数というのは、数字など何か記録しておきたいものを保存しておく箱みたいな入れ物です。変数には名前をつけることができ、その名前によって箱を区別します。箱の中身はいつでも自由に取り出して読むことができ、入れ替えることもできます。

　変数に「速さ」という名前をつけておき、最初は0という数字を入れておいて、速さが変わったときに、新しい数字と入れかえます。「今の速さはどれくらいか」と確認したいときに、いつでも「速さ」と書かれた箱の中身を見ればいいのです。

　それでは、変数を作りましょう。「変数」のカテゴリーを選び、「変数を作る」ボタンを押すと、新しく変数を作ることができます。変数名には「速さ」と入力し、その下の選択肢では「このスプライトのみ」を選んで「OK」ボタンを押します。「このスプライトのみ」を選ぶことで、変数の有効な範囲をこのスプライト、つまりボールのみに限定しています（**図24**）。これをローカル変数と呼びます。今はボールしかスプライトがありませんが、将来他のスプライトが増えたとき、そのスプライトから、ボールの速さを変えることはできません。また、他のスプライトで同じ名前のローカル変数を作ることもできます。

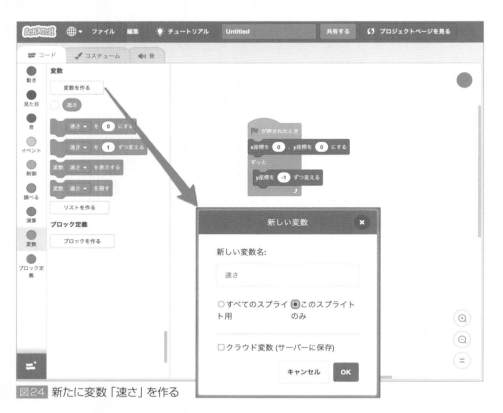

図24 新たに変数「速さ」を作る

20

Introduction

Chapter 1

Chapter 2

Chapter 3

Chapter 4

Chapter 5

Chapter 6

Special

Appendix

　変数を作ると、変数を操作するためのブロックがいくつか「変数」カテゴリーの中に新しく追加されます。そのひとつの「速さ」のブロックをドラッグし、「y座標を-1ずつ変える」の-1のところに入れます（**図25**）。

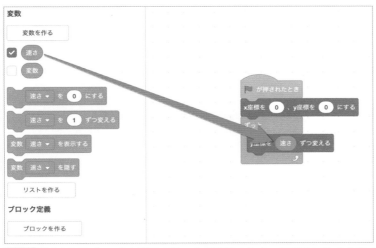

図25　「速さ」のブロックをドラッグし、「y座標を-1ずつ変える」の-1に入れる

　ボールが落ち始めた瞬間、速さは0なので、「速さを0にする」を「x座標を0、y座標を0にする」と「ずっと」の間に入れます。ブロックとブロックの間に、別のブロックをドラッグすることで、つながっているブロック同士の間に差し込むことができます。

　「速さ」を徐々に下の方向、つまりマイナスの方向に増やしたいので、「速さを1ずつ変える」を「ずっと」の中にはさんだ後、1を-0.1に変えます（**図26**）。

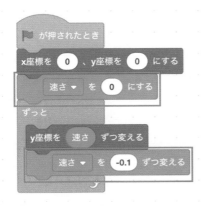

図26　「速さを1ずつ変える」を「ずっと」の中にはさんだ後、1を-0.1に変える

緑の旗ボタンを押してプログラムを実行し、ボールの動きを確認しましょう。最初はゆっくりと、そして徐々にスピードを上げて地面の方向に動いていくようになりました。ボールの動きは、より本物の動きに近づきました（**図27**）。

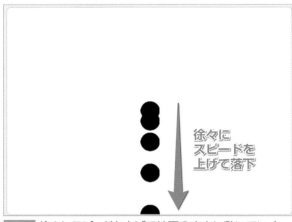

図27 徐々にスピードを上げて地面の方向に動いていく

　確認し終わったら、赤いボタンをクリックしてプログラムを終了しておきましょう。

地面に当たったボールを跳ね返らせる

　ボールが画面の一番下、つまり地面に当たると、地面にくっついたまま、止まってしまいます。リアルな動きに見えるよう、地面に当たったら跳ね返るようにしましょう。
　もしボールが地面に当たったら、y方向の速さを反対向きにします。地面に当たったときの速さがもし–5だとしたら、下向きに5進むということですから、これを上向きに5進むように変えればよいでしょう。–5を5にするには、–1を掛けます。
　「もし地面に当たったら」を表すには、「制御」カテゴリーの「もし〜なら〜でなければ」というブロックと、「調べる」カテゴリーの「端に触れた」ブロックを組み合わせます。
　「制御」カテゴリーの「もし〜なら〜でなければ」ブロックをコードエリア部分にドラッグします。「調べる」カテゴリーからは「マウスのポインターに触れた」ブロックを、「もし〜なら〜でなければ」の六角形の形をした空いている穴の部分にドラッグします（**図28**）。

Introduction

Chapter 1

Chapter 2

Chapter 3

Chapter 4

Chapter 5

Chapter 6

Special

Appendix

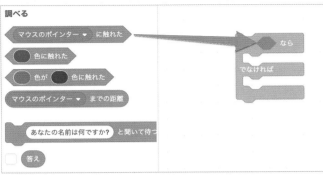

図28 「マウスのポインターに触れた」を、「もし〜なら〜でなければ」の穴にドラッグする

　次に、「マウスのポインター」と書かれている右横の下向き三角形の部分をクリックすると、メニューが下向きに開き、「端」が選べるようになるので選択します（**図29**）。

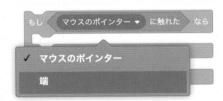

図29 「端」が選べるので選択する

　y方向の速さを反対向きにするには、「変数」カテゴリーの「速さを0にする」と、「演算」カテゴリーの「○＊○」のブロックを組み合わせます。Scratchでは掛け算の記号には、× ではなく ＊（アスタリスク）を使います。「速さを○にする」の○の部分に「○＊○」のブロックを入れ、左側には「変数」カテゴリーから「速さ」ブロックを入れ、右側には−1と入力します。こうしてできあがる「速さを『速さ ＊−1 』にする」ブロックを、「もし『端に触れた』なら」と「でなければ」との間に入れます。「速さを『−0.1』ずつ変える」ブロックは、「でなければ」のあとにつながるようにドラッグして移動します（**図30**）。

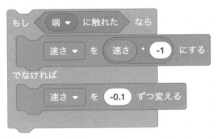

図30 「速さを○にする」の○の部分に「○＊○」を入れ、左側には「データ」から「速さ」を入れ、右側には−1と入力する。さらに、「速さを『−0.1』ずつ変える」を「でなければ」につなげる

このブロックの塊を、もとの一連のブロックの「ずっと」の中、「y座標を『速さ』ずつ変える」のブロックのあとに入れます（**図31**）。このとき、「もし」のあたりをつかむとブロックがばらばらになりません。

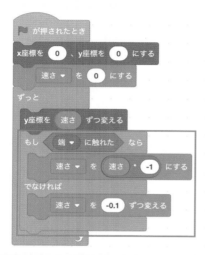

図31 ブロックの塊を、もとのブロックの「ずっと」の中、「y座標を『速さ』ずつ変える」のブロックのあとに入れる

　緑の旗ボタンを押してプログラムを実行してみましょう。ボールが地面に当たると跳ね返る動きをすることが確認できたでしょうか？
　確認し終わったら赤いボタンをクリックして、プログラムを終了しておきましょう。

　地面に当たったボールは跳ね返って、もとの場所と同じ高さまで跳ね上がります。しかし、現実には、下向き速さ0で落ち始めたボールが跳ね返ってもとの高さまで跳ね上がるということは決してありません。もとの高さより少し低いところまでしか跳ね上がらないはずです。
　これを表現するには、地面に跳ね返ったときにy方向の速さを反対向きにするのですが、少しもとの速さより遅くなるようにします。ボールが「端」に触れたとき、y方向の速さに−1を掛けていたところを、−0.8を掛けるようにします。例えば、y方向の速さが−5（下向きに5の速さ）で地面に触れたら、−5 × −0.8 = 4.0、つまり上向きに4.0の速さになるようにします（**図32**）。

Introduction

Chapter 1

Chapter 2

Chapter 3

Chapter 4

Chapter 5

Chapter 6

Special

Appendix

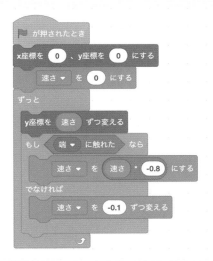

図32 y方向の速さに-1を掛けていたところを、-0.8を掛けるようにする

　もう一度緑の旗ボタンを押してプログラムを実行してみましょう。ボールが地面に当たり跳ね上がったとき、少しずつ高さが低くなることが確認できるかと思います。

　これで、地面に当たって跳ねるボールのプログラムは完成です[注1]。

プロジェクトに名前をつけて、保存する

　プログラムが完成したら、名前をつけましょう。プログラムの名前は、「跳ねるボール」のように、プログラムの内容がわかる名前にします。アカウントを作成してサインインしている場合は、画面上方に名前（タイトル）を入れる欄があるので、そこに名前を入力します（図33）。

図33 名前をつけて入力する

　サインインしている場合、プログラムは定期的に自動で保存されます。また、左上メニューの「ファイル」＞「直ちに保存」を指定することで、手動で保存することもできます。

注1　ボールが地面に当たって跳ねず、地面に貼り付いてしまう場合は −0.8 の代わりに −0.91 など別の数字を入れてみて下さい。

chapter 1 第1章 40人クラスで 同じ誕生日の人がいる確率は？

　誕生日が同じ人を偶然見つけたら、多少なりとも運命的なものを感じたりしませんか？ あなたの誕生日が仮に1月1日とした場合、出会った人の誕生日が偶然にも同じ1月1日である確率は、日付が書かれた365個のボールから一発で1月1日と書いてあるボールを引き当てる確率と一緒で、1/365（365分の1）です。

　それでは、クラスに40人の生徒がいるとして、同じ誕生日の人がいる確率はどのくらいになるでしょうか？ 確率をパーセント表示する場合だと、40人のクラスが100クラスあったとして、同じ誕生日の人がいるクラスがいくつぐらい現れるかという予想です。1クラス（1%）か2クラス（2%）でしょうか？ それとも意外と多くて半分の50クラス（50%）でしょうか？

　確率の計算を使えば、この問題を数学的に解くことができます。

　でも、ここではScratchを使って、誕生日をランダムに決めた40人クラスを実際にたくさん作ってみて、同じ誕生日の人がいるクラスを数え上げるという力技で、この問題を解いてみましょう。

ランダムに誕生日を決める

　これから作るScratchのプログラムは少し長く複雑になりそうです。一気に作ろうとすると途方に暮れてしまいます。こういうときはやろうとしていることを細かい部品に分けて、部品ごとに1つずつ作っていくのがよいでしょう。

　さっそく新しいプロジェクトを開きます。今回はネコをそのまま使います。コードは、このネコのスプライトに作っていきます。

　まずは、「ランダムに誕生日を決める」という部分をプログラムにしてみましょう。1年は365日あるので[注1]、その中からランダムに1日を誕生日に決めるということは、番号と日付の両方が書いてある365個あるボールから適当に1個を拾い上げることと同じです。

注1　ここでは、うるう年は考えないことにします。

Introduction

Chapter 1

Chapter 2

Chapter 3

Chapter 4

Chapter 5

Chapter 6

Special

Appendix

ボールに書いてある番号と日付の対応は以下の通りです（**表1**）。

番号	1	2	...	364	365
日付	1/1	1/2	...	12/30	12/31

表1 ボールに書いてある番号と日付

　誕生日を、日付ではなくて1から365までの数で表すことにします。ブロックパレットのカテゴリーから「変数」を選び、「変数を作る」ボタンをクリックして新しい変数を作ります。変数の種類は「このスプライトのみ」にします。「このスプライトのみ」を選ぶことで、変数の有効な範囲をこのスプライトのみに限定して、予期せず別のスプライトから変更されたりしないようにします。変数名は「誕生日(1-365)」にします（**図1**）。

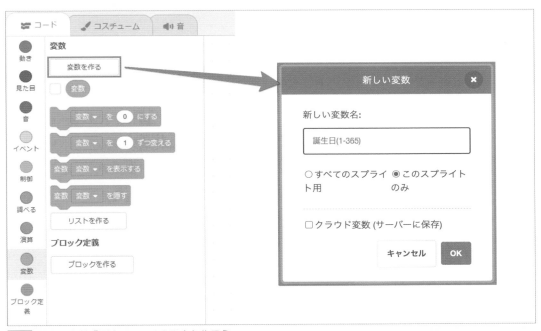

図1 新しい変数「誕生日(1-365)」を作ろう

　1から365までの数字からランダムに1つ選ぶには、「演算」カテゴリーの「1から10までの乱数」ブロックを使います。
　試しに「1から10までの乱数」のブロックをクリックしてみましょう。1から10までの数字の中のどれか1つが、吹き出しに表示されます。何度かクリックしてみると、毎回違っ

た数字が（たまには同じ数字が）表示されるのがわかります。

　この乱数のブロックは、サイコロを振って出た目の数字、といったように毎回何が出るかわからない数字が欲しいときに使います（**図2**）。

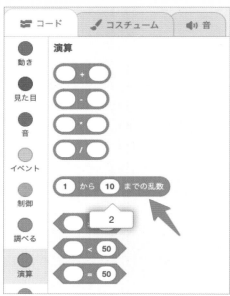

図2 「1から10までの乱数」のブロックをクリックすると、1〜10のランダムな数字が表示される

　誕生日を適当に1つ選ぶために、「1から10までの乱数」の「10」の部分を「365」に変えて、「1から365までの乱数」にします。この「1から365までの乱数」を「誕生日（1-365）」の変数に入れます。そして、それをネコに言わせましょう（**図3**、**図4**）。

図3 誕生日を言うネコのコード

Introduction

Chapter 1

Chapter 2

Chapter 3

Chapter 4

Chapter 5

Chapter 6

Special

Appendix

図4 誕生日を言うネコのコードの実行例

　この例の278は、1月1日から数えて278番目の日にちなので、10月6日です。

　次に1クラスの人数分、つまり40人分の誕生日をランダムに決めることにします。ランダムに決めた40人分の誕生日を保存するのに「リスト」を使います。

　「リスト」は、変数をたくさんまとめたようなものです。40人分の誕生日を別々の変数に保存しようとすると、「1人目の誕生日」「2人目の誕生日」「3人目の誕生日」……というように40個の変数が必要です。「リスト」を使えば、これを1つだけにまとめることができます。「生徒の誕生日」という「リスト」を1つだけ作り、これに40人分の誕生日を順番に保存することができます。中身を取り出したいときは、「生徒の誕生日の1番目」「生徒の誕生日の2番目」「生徒の誕生日の3番目」……といったブロックを使います。

　それでは、「変数」カテゴリーを選び「リストを作る」をクリックして、新しくリストを作りましょう。リストの種類は「このスプライトのみ」にします。リスト名は「生徒の誕生日」にします（図5）。

図5 「生徒の誕生日」というリストを作ろう

誕生日をランダムに決め、それを「生徒の誕生日」に追加します。これを、クラスの人数分、つまり40回繰り返しましょう。プログラムは次の通りです（**図6**）。

図6 40人分の誕生日を決めるコード

ここまでのプログラムがうまく動いているかを確認してみます。リストの中身をステージに表示して見ることができるように、「生徒の誕生日」リストの横のチェックボックスにチェックが入っていることを確認しましょう（**図7**）。

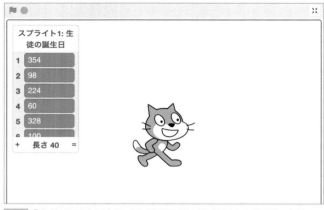

図7 チェックボックスを確認しよう

緑の旗ボタンをクリックして、プログラムを実行してみましょう。「生徒の誕生日」に40個の数字が入ることを確認してください（**図8**）。

図8 「生徒の誕生日」に40個の数字が入ることを確認しよう

この例だと、あるクラスの1人目の生徒の誕生日は354（12月20日）で、2人目の生徒の誕生日は98（4月8日）です。

プログラムをもう一度実行してみましょう。「生徒の誕生日」リストに前回追加した誕生日が残ったまま、さらに誕生日の数字が追加されてしまい、40個以上になってしまいます。これを防ぐためには、プログラムを実行するたびに「生徒の誕生日」リストが空になるようにします。「緑の旗が押されたとき」のすぐあとに「『生徒の誕生日』のすべてを削除する」ブロックを追加します（**図9**）。

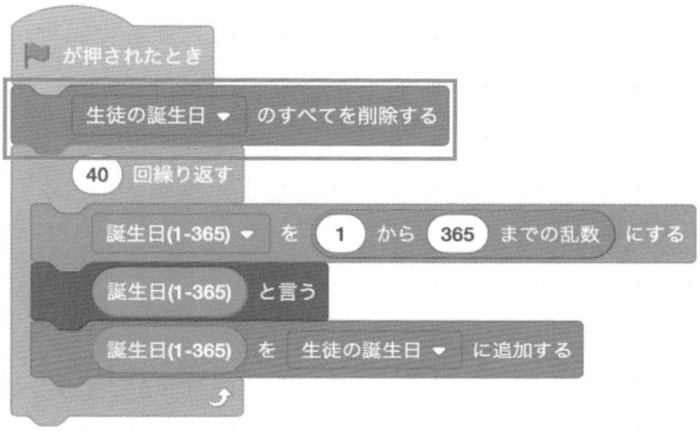

図9　「『生徒の誕生日』のすべてを削除する」ブロックを追加する

クラスに同じ誕生日の人がいるかどうかを確かめる

クラスの生徒40人分の誕生日を擬似的に作れるようになったので、次に、その中で同じ誕生日の人がいるかどうかを判定する部分を作っていきます。もし同じ誕生日の人がいたら、ネコが「同じ誕生日の生徒がいます」と言うようにしましょう。

リストの中にすでに同じものが入っているかどうかを調べるため、「変数」カテゴリーの「『生徒の誕生日』に『なにか』が含まれる」ブロックを使います。「『誕生日(1-365)』を『生徒の誕生日』に追加する」のブロックの前に、「もし〜なら」のブロックを追加し、「『生徒の誕生日』に『なにか』が含まれる」を六角形の部分に入れます（次ページの**図10**）。

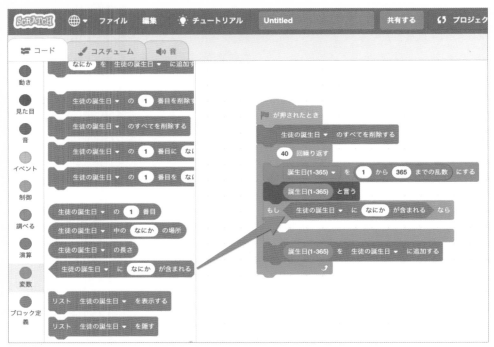

図10 「もし～なら」のブロックを追加し、「『生徒の誕生日』に『なにか』が含まれる」を入れる

　次に「『生徒の誕生日』に『なにか』が含まれる」の「なにか」の部分に「誕生日(1-365)」を入れます。そして、「見た目」カテゴリーの「『こんにちは!』と『2』秒言う」を「もし～なら」ブロックに囲まれた部分に入れて、「こんにちは!」の部分を「同じ誕生日の生徒がいます」に変更します（**図11**）。

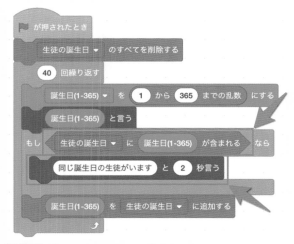

図11 「『生徒の誕生日』に『誕生日(1-365)』が含まれる」にし、「『同じ誕生日の生徒がいます』」と『2』秒言う」を追加する

32

Introduction

Chapter 1

Chapter 2

Chapter 3

Chapter 4

Chapter 5

Chapter 6

Special

Appendix

　注意しなくてはいけないのは、「もし～なら」のブロックは必ず「『誕生日(1-365)』を『生徒の誕生日』に追加する」の前に入れる必要があるということです。間違えて後ろにいれてしまうと、例えば「1」という誕生日をリストに入れてから、「1」がリストに含まれるかどうかを調べてしまいます。その結果、いつも必ず含まれるという間違った結果になってしまうのです。

　緑の旗ボタンをクリックして、何度かプログラムを実行してみましょう（**図12**）。

図12 何度かプログラムを実行してみよう

　かなり高い頻度でネコが「同じ誕生日の生徒がいます」と言います。どうでしょうか？予想より低い確率でしょうか？ それとも高い確率でしょうか？

　およその確率を求めるために、40人のクラスをたくさん作ってみて、同じ誕生日の生徒がいたクラスを数えてみます。100クラス作ってみて、もし同じ誕生日の生徒がいたクラスが50クラスあったら、40人クラスで同じ誕生日の人がいる確率はおよそ50％と言えます。

　「同じ誕生日の人がいたクラス」という変数（変数の種類は「このスプライトのみ」）を作り、もし同じ誕生日の生徒がいたときにはその変数に1を足すようにします。これで「同じ誕生日の人がいたクラス」を数えることができます。

　プログラムを実行するたびに、「同じ誕生日の人がいたクラス」を0に戻す必要があるので、「緑の旗が押されたとき」ブロックのすぐあとに、「『同じ誕生日の人がいたクラス』を『0』にする」ブロックを追加します。「同じ誕生日の生徒がいます」と2秒言ったすぐあとに「同じ誕生日の人がいたクラス」を1ずつ変えるようにします（次ページの**図13**）。

```
が押されたとき
同じ誕生日の人がいたクラス ▼ を 0 にする
生徒の誕生日 ▼ のすべてを削除する
40 回繰り返す
    誕生日(1-365) ▼ を 1 から 365 までの乱数 にする
    誕生日(1-365) と言う
    もし 生徒の誕生日 ▼ に 誕生日(1-365) が含まれる なら
        同じ誕生日の生徒がいます と 2 秒言う
        同じ誕生日の人がいたクラス ▼ を 1 ずつ変える
    誕生日(1-365) を 生徒の誕生日 ▼ に追加する
```

図13 40人のクラスをたくさん作ってみて、同じ誕生日の生徒がいたクラスを数えるコード

プログラムを実行してみましょう。

「同じ誕生日の人がいたクラス」変数の横のチェックボックスにチェックが入っていて、変数の中身が確認できるようになっていることを確かめましょう。

今はまだ1クラスでしか数えていないので、同じ誕生日の生徒がいないときは「同じ誕生日の人がいたクラス」は0に、もし同じ誕生日の生徒がいれば1にならないといけません。しかし、何度かプログラムを実行してみると「同じ誕生日の人がいたクラス」が2以上になってしまうときがあります（**図14**）。

```
スプライト1: 同じ誕生日の人がいたクラス  2        スプライト1: 生
                                              徒の誕生日
                                          1  219
                        123               2  298
                                          3  19
                                          4  17
                                          5  283
                                          6  253
                                          + 長さ40 =
```

図14 「同じ誕生日の人がいたクラス」が2以上になってしまった例

34

Introduction

Chapter 1

Chapter 2

Chapter 3

Chapter 4

Chapter 5

Chapter 6

Special

Appendix

なぜでしょうか？

　プログラムをよく見てみると、同じ誕生日の生徒がいるたびに「同じ誕生日の人がいたクラス」を増やしています。しかし、ひとクラスに同じ誕生日の生徒がいるのは必ずしも1組であるとは限らず、同じ誕生日の生徒が2組以上いるときには「同じ誕生日の人がいたクラス」が2以上となってしまっていることがわかります。

　これを防ぐために、新たに「同じ誕生日の人がいたかどうか」という変数（変数の種類は「このスプライトのみ」）を作り、最初は「いいえ」を入れておきます。そして、同じ誕生日の生徒がいたときに「はい」を入れ、40人分の誕生日を作って最後に「同じ誕生日の人がいたかどうか」の値を調べます。「同じ誕生日の人がいたかどうか」が「はい」のときにだけ「同じ誕生日の人がいたクラス」を増やせば、増やしすぎるようなことは起こりません。

　修正したプログラムがこちらです（**図15**）。

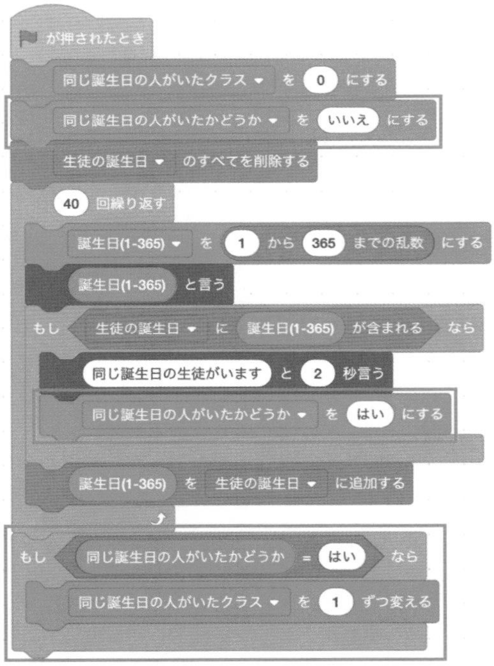

図15　修正したコード

　「『同じ誕生日の人がいたかどうか』を『いいえ』にする」を「『同じ誕生日の人がいたクラス』を『0』にする」のブロックのすぐあとに追加しています。これは、同じ誕生日の人がクラスにいなかった場合には、「同じ誕生日の人がいたかどうか」が「いいえ」になるようにするためです。

「同じ誕生日」を表示してみる

　現在のコードでは、同じ誕生日の人がいた場合、その誕生日がいつかを示してくれないので、本当に同じ誕生日がリストの中にあるかどうかを確認するのが大変です。同じ誕生日の人がいたときにその誕生日を表示するようにすると、楽に確認できます。

　例えば、「『同じ誕生日の生徒がいます』と2秒言う」ブロックの下に次のコードを挿入すると、同じ誕生日があったときにその誕生日をネコが教えてくれます（**図16**）。

図16　同じ誕生日をネコに伝えてもらう

　プログラムがうまく動かないときにも、このように変数の中身を画面上に表示することは、原因を探る方法として有効です。

クラスを100個作る

　プログラムが少し大きくなってきてしまったので、読みやすいように処理を分けましょう。処理を分けるときは、「ブロック定義」カテゴリーの「ブロックを作る」を使います。

　クラスの全員の誕生日を決める処理をまとめて1つのブロックにしてみたいと思います。「ブロックを作る」ボタンをクリックして、新しいブロックの名前は「クラスの全員の誕生日を決める」にします。このようにブロックの名前には、そのブロックが何をするものなのかがわかる、簡潔なものをつけましょう（**図17**）。

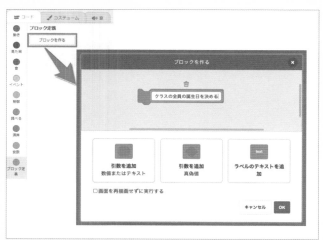

図17　「ブロックを作る」をクリックして、名前を「クラスの全員の誕生日を決める」にしよう

Introduction

Chapter 1

Chapter 2

Chapter 3

Chapter 4

Chapter 5

Chapter 6

Special

Appendix

「『同じ誕生日の人がいたかどうか』を『いいえ』にする」ブロック以降を、「定義『クラスの全員の誕生日を決める』」ブロック以下に移動します。そして、クラスの全員の誕生日を決める処理があった場所には、「クラスの全員の誕生日を決める」ブロックをつなげます。これで、「クラスの全員の誕生日を決める」のブロック1つを実行したとき、「定義『クラスの全員の誕生日を決める』」ブロック以下の一連の処理が呼ばれることになります（**図18**）。

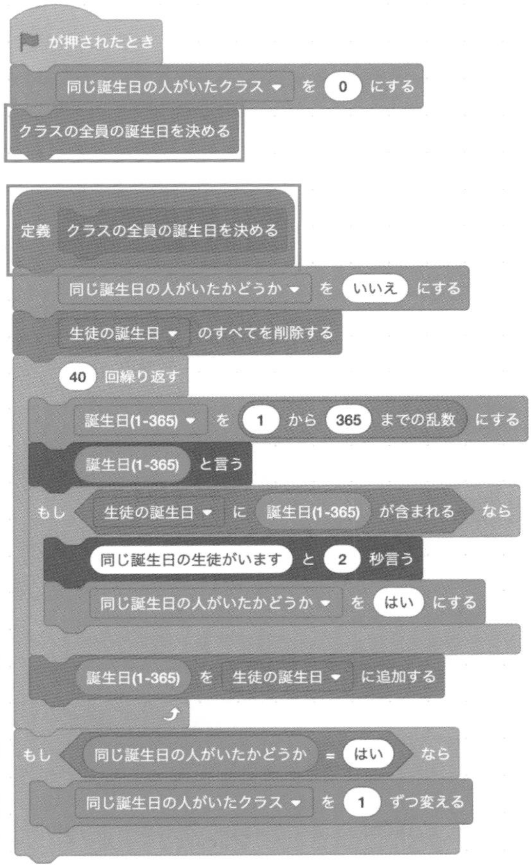

図18 クラスの全員の誕生日を決める処理をまとめたコード

以上で、クラスの全員の誕生日を決める処理を分けることができました。

続いて、40人クラスで同じ誕生日の人がいる確率を求めてみましょう。そのためにまずは100クラスを作ってみて、実際に同じ誕生日の人がいたクラスを数えてみます。「クラスの全員の誕生日を決める」を100回繰り返すことになります。

　プログラムをわかりやすくするために入れていた「『同じ誕生日の生徒がいます』と『2』秒言う」ブロックは、繰り返しのたびに2秒間プログラムが止まってしまい遅くなるので、外してしまいましょう。

　ネコが誕生日を言うブロックも同じ理由で外します。「クラスの全員の誕生日を決める」ブロックは、「100回繰り返す」のブロックで囲みます（**図19**）。

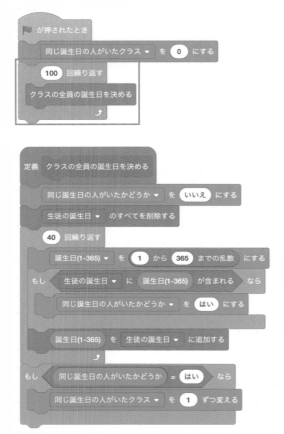

図19　100クラスを作ってみて、実際に同じ誕生日の人がいたクラスを数えるコード

　プログラムを実行してみましょう。100回も繰り返すと、終わるまでに時間がかかってしまいます。Scratch には、処理のスピードを速くするターボモードという機能があります。これを有効にして、プログラムの処理速度を上げてみます。

　Scratch のメニューから、「編集」を選び「ターボモードにする」を選択します。あるいは、Shift キーを押しながら緑の旗をクリックすることでもターボモードに切り替えることができます。ターボモードになると緑の旗ボタンの横にオレンジ色で「ターボモード」と表示されるようになります。（**図20**、**図21**）。

図20 ターボモードを選択する

図21 ターボモードと表示される

ターボモードにしてプログラムを実行すると、一瞬にして処理が完了するでしょう（**図22**）。

図22 ターボモードにして実行した例

　何度かプログラムを実行して、100クラス中、同じ誕生日の人がいたクラスがいくつ現れるかを見てみましょう。だいたい80の後半から90前半の数字が表示されるのではないでしょうか。

　クラスの数を自由に変更できるように、繰り返しの回数を「クラスの数」という変数（変数の種類は「このスプライトのみ」）に置き換えます。プログラムが始まったらすぐに「クラスの数」を100にします。

　最後に「40人クラスで同じ誕生日の人がいる確率」をパーセントでネコに言わせるようにしましょう。

　確率は、「事象が起こった数」を「試した数」で割って表せます。これに100を掛けてパーセントで表示します。

40人クラスで同じ誕生日の人がいる確率 = 同じ誕生日の人がいたクラス / クラスの数 × 100（%）

プログラムは次の通りです（**図23**、**図24**）。

図23　「40人クラスで同じ誕生日の人がいる確率」をパーセントでネコに言ってもらうコード

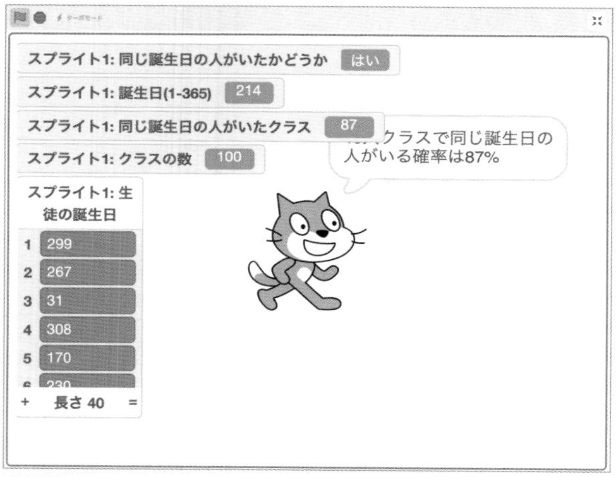

図24　コードを実行した例

　これで「40人クラスで同じ誕生日の人がいる確率」を求めるプログラムはひとまず完成しました。しかし、実行するたび毎回違う確率の値が表示されてしまいます。
　生徒の誕生日を毎回ランダムに決めているので、これは仕方のないことです。非常に確率は低いですが、みんなの誕生日が同じクラスというのもできる可能性はあります。それが連続して100回起こってしまうということも、非常に可能性は低いですが全くゼロではありません。

Introduction

Chapter 1

Chapter 2

Chapter 3

Chapter 4

Chapter 5

Chapter 6

Special

Appendix

　そこでもう少し精度を上げるために、作るクラスを100以上のもっと大きな数にしてみましょう。例えばクラスの数を10000にしてみます。ターボモードといえども結果が出るには少し時間がかかりますが、辛抱強く待ってみましょう（**図25**、**図26**）。

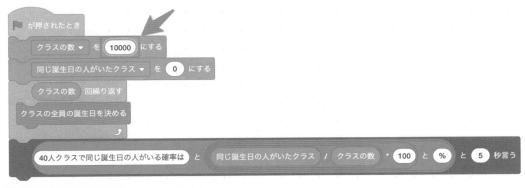

図25　クラスの数を10000にしてみよう

図26　クラスの数を10000にした場合の実行例

　プログラムを何度か実行してみます。出てくる確率のばらつきはどうでしょう？　今度はいつも89%近くの値になるのではないでしょうか。

　プロジェクトの名前を「誕生日」に変更しておきましょう（**図27**）。

図27　名前を誕生日に変更しよう

⬡ 理論値と比べてみよう

　さて、「40人クラスで同じ誕生日の人がいる確率」を力技で求めてみましたが、実際のところはどうなのか、理論値と比べてみましょう。

　「40人クラスで同じ誕生日の人がいる確率」を求めるには、その反対の「40人クラスで同じ誕生日の人が全くいない確率」を求める方が考えやすいのです。次のように式にできるでしょう。

40人クラスで同じ誕生日の人がいる確率 ＝ 1 − 40人クラスで同じ誕生日の人が全くいない確率

　40人クラスで考える前にまず、クラスの人数が1人のときを考えてみます。この1人の誕生日は365日のどの日でも、他に同じ誕生日の人は全くいません。1人しかいないのですから当然です。

　異なる日付が書かれたボールが365個あったとして、1度だけ引いて、同じボールを引かない確率と同じです。どれを引いても同じボールを引くことはないので、次のように式にできます。

クラスで同じ誕生日の人が全くいない確率 ＝ 365 / 365

　そのため、クラスで同じ誕生日の人がいる確率は0になります。1人のクラスですから当たり前ですね。

クラスで同じ誕生日の人がいる確率 ＝ 1 − クラスで同じ誕生日の人が全くいない確率 ＝ 1 − 365 / 365 ＝ 1 − 1 ＝ 0

　次にクラスの人数が2人のときを考えます。

　1人目の誕生日が誰とも重なっていなくて、その誕生日が例えば1月1日とすると、2人目の誕生日は1月1日以外であれば、クラスで同じ誕生日の人は全くいない、と言えます。異なる日付が書かれたボールが365個あったとして、「1/1」と書かれたボール以外の 365 − 1 ＝ 364個のどれかを引けば同じボールを引かないことと同じです。

Introduction

Chapter 1

Chapter 2

Chapter 3

Chapter 4

Chapter 5

Chapter 6

Special

この確率は、次のように式にできます。

(365 − 1) / 365 = 364 / 365

　ここでは、「1人目の誕生日が誰とも重なっていなくて」と最初に前置きしました。2人クラスで同じ誕生日の人が全くいない確率は、「1人目の誕生日が誰とも重なっていない」と「2人目の誕生日が誰とも重なっていない」の両方が同時に起こる確率なので、2つの確率を掛け合わす必要があります。

　「1人目の誕生日が誰とも重なっていない」確率は、365 / 365 = 1 です。1 を掛けても結果は変わらないのですが、きちんと式を書くと次のようになります。

**クラスで同じ誕生日の人が全くいない確率 = 365 / 365 × (365 − 1) / 365 =
1 × 364 / 365 ≒ 0.9973**

**クラスで同じ誕生日の人がいる確率 = 1 − クラスで同じ誕生日の人が全くいない確率 ≒
1 − 0.9973 = 0.0027**

　では、クラスの人数が3人のときはどうでしょうか？
　例えば、1人目の誕生日が1月1日、2人目の誕生日が1月2日とします。3人目の誕生日は、1月1日または1月2日以外であれば、クラスで同じ誕生日の人が全くいない、と言えます。つまり3人目は異なる日付が書かれたボールが365個あったとして、「1/1」か「1/2」と書かれたボール以外の365 − 2 = 363個のどれかを引けば同じ誕生日にはなりません。
　3人クラスで同じ誕生日の人が全くいない確率は、「1人目の誕生日が誰とも重なっていない」と「2人目の誕生日が誰とも重なっていない」と「3人目の誕生日も誰とも重なっていない」のすべてが同時に起こる確率です。3つの確率を掛け合わせます。

**クラスで同じ誕生日の人が全くいない確率 = 365 / 365 × (365 − 1) / 365 × (365 − 2) /
365 = 1 × 364 / 365 × 363 / 365 ≒ 0.9918**
**クラスで同じ誕生日の人がいる確率 = 1 − クラスで同じ誕生日の人が全くいない確率 ≒
1 − 0.9918 = 0.0082**

同様に考えていくと、クラスの人数が4人、5人と増えていったとき、それぞれの確率は次のようになります（**表2**）。

人数	クラスで同じ誕生日の人が全くいない確率	クラスで同じ誕生日の人がいる確率
1	365 / 365	1 - 365 / 365
2	365 / 365 × 364 / 365	1 - 365 / 365 × 364 / 365
3	365 / 365 × 364 / 365 × 363 / 365	1 - 365 / 365 × 364 / 365 × 363 / 365
4	365 / 365 × 364 / 365 × 363 / 365 × 362 / 365	1 - 365 / 365×364 / 365 × 363 / 365 × 362 / 365
5	365 / 365 × 364 / 365 × 363 / 365 × 362 / 365 × 361 / 365	1 - 365 / 365 × 364 / 365 × 363 / 365 × 362 / 365 × 361 / 365
...		
40	365 / 365 × 364 / 365 × 363 / 365 × 362 / 365 × ‥‥‥ × 326 / 365	1 - 365 / 365 × 364 / 365 × 363 / 365 × 362 / 365 × ‥‥‥ × 326 / 365

表2 クラスの人数が増えていったときの確率

40人クラスのときの確率を計算すると、次のようになります。

40人クラスで同じ誕生日の人が全くいない確率 = 365 / 365 × 364 / 365 × 363 / 365 × 362 / 365 × … × 326 / 365 ≒ 0.1088

40人クラスで同じ誕生日の人がいる確率 = 1 - 40人クラスで同じ誕生日の人が全くいない確率 ≒ 1 - 0.1088 = 0.8912

これをパーセントで表すと約89.12%となります。

どうでしょうか？　力技で求めた確率の値と比較したとき、理論値に近い値が出ていたということがわかるかと思います。

1 - 365 / 365 × 364 / 365 × 363 / 365 × 362 / 365 × ‥‥‥ × 326 / 365

この計算は、計算機を使って、根気よく計算すれば求めることはできますが、次のScratchのプログラムを使うことで、間違いなく求めることができます（**図28**）。

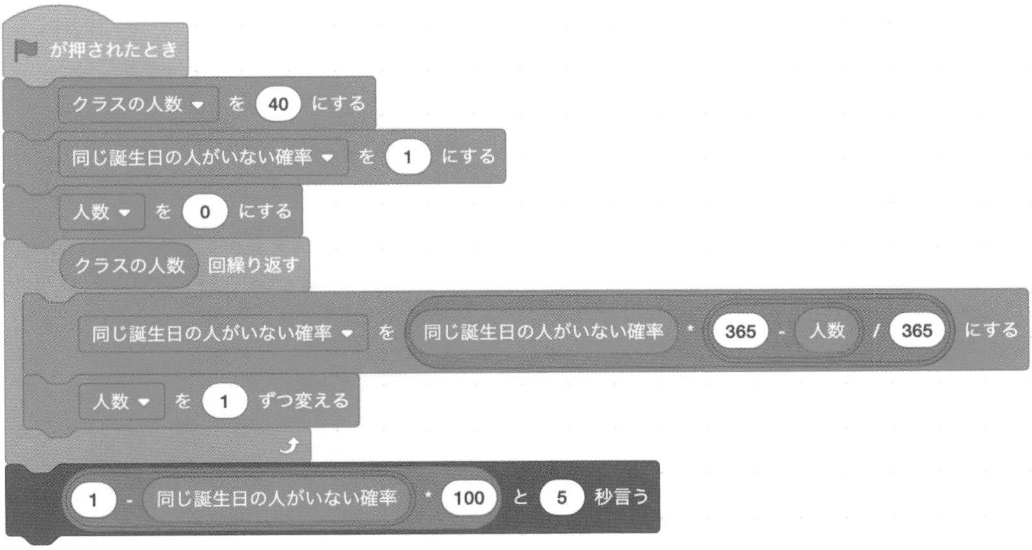

Introduction

Chapter 1

Chapter 2

Chapter 3

Chapter 4

Chapter 5

Chapter 6

Special

Appendix

図28 1 - 365 / 365×364 / 365×363 / 365×362 / 365×……×326 / 365
を計算して、パーセントで表示するコード

同様のプログラムをRubyで書いてみよう

「40人クラスで同じ誕生日の人がいる確率」を求めるプログラムをRuby[注2]で書いてみると次のようになります（**図29**）。

```
total = 10000
$n = 0

def set_birthday
  same_birthday = false
  birthdays = []
  40.times do
    birthday = rand(365)
    if birthdays.include?(birthday)
      same_birthday = true
    end
    birthdays << birthday
  end
  if same_birthday
    $n += 1
  end
end

total.times do
  set_birthday
end

p "40人クラスで同じ誕生日の人がいる確率は#{$n.to_f/total * 100}%"
```

図29 「40人クラスで同じ誕生日の人がいる確率」を求めるRubyプログラム

プログラムの構造を比較すると、Scratchで書いたプログラムと非常によく似通っているのがわかるかと思います。このように、同じ処理を他のプログラム言語で書き換えると、各命令の書き方が違っても、構造はほぼ一緒になることが多いのです。

　では、このプログラムを実行してみましょう。Rubyのプログラムはコマンドラインから実行します（図30）。

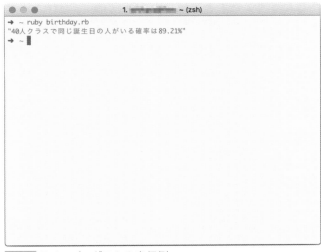

```
● ● ●                    1.                 ~ (zsh)
➜  ~ ruby birthday.rb
"40人クラスで同じ誕生日の人がいる確率は89.21%"
➜  ~ 
```

図30　Rubyプログラムの実行例

　Rubyの処理速度は、Scratchよりも速いので、10000クラスくらいであればすぐに終わってしまいます。totalの数をもっと大きくして精度を上げ、より理論値に近づくのかどうか試してみましょう。

注2　Rubyに関する情報は以下を参照してください。
　　　https://www.ruby-lang.org

ダーツを４万本投げて円周率を求めよう

chapter 2
第2章

「円周率はいくつですか？」と聞かれたら何と答えますか？「3.14」と答えたり、人によっては「3」、あるいは「3.1415」、あるいはもっとそれ以降の桁まで覚えている人もいるかもしれません。円周率は 3.141592…… と小数点以下の数字がずっと続いて終わらない無理数ですが、ほとんどの人は、教科書などに書いてある通りの数字をそのまま覚えていることでしょう。

しかし、本当にこの数字で正しいのでしょうか？ それを確かめるためにこの章では Scratch を使って円周率を自分で求めてみましょう。

モンテカルロ法で面積を求める

円周率を求めるための準備として、「モンテカルロ法」を説明します。モンテカルロ法というのは、本来は数学の理論を駆使して計算するなどして求めるべきことを、ランダムな結果が出るテストを膨大な回数繰り返して、力技で求めてしまう手法です。

1辺が200の長さの正方形と、その右上に位置する1辺が100の長さの正方形があったとします。このとき、大小2つの正方形の面積を比べてみます（**図1**）。

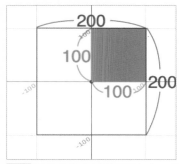

図1 青枠の大きな正方形と赤い小さな正方形

　赤い正方形を４つ、左上と左下、右下にも並べれば、青枠の大きな正方形が埋まりそうです。面積を求めると次のようになります。青枠の大きな正方形は赤い小さな正方形の４倍であることがわかります。

青枠の大きな正方形の面積 = 200 × 200 = 40000

赤い小さな正方形の面積 = 100 × 100 = 10000

　今、魔法のダーツがあったとして、このダーツは青枠の大きな正方形の中のどこかに偏りなく必ず当たるとします。このとき、例えば４本のダーツを適当に投げたとしたら赤い正方形に何本当たりそうでしょうか？４本のうちの１本だけが当たりそうな気もしますが、偶然４本とも当たってしまうかもしれませんし、１本も当たらないかもしれません。しかし、投げるダーツの本数を増やしていき、例えば40000本投げたとしたら、だいたいその４分の１の10000本が赤い正方形に当たるのではないでしょうか？40万本も投げたらどうでしょう？10万本くらいが当たりそうな気がしませんか？

　ではこのことを、Scratchを使って実験してみましょう。
　座標がわかりやすいように、x軸とy軸が表示される「Xy-grid」という背景を選びます。画面右下のステージを選んで「背景を選ぶ」ボタンをクリックし、「すべて」カテゴリーの最後の方にある「Xy-grid」を選びます（**図2a**）。もともといるネコのスプライトは削除します。
　このステージの（0, 100）（100, 100）（100, 0）（0, 0）で囲まれたエリアを次で述べるように、赤色で塗りつぶします（**図2b**）。

図2a　背景「Xy-grid」を選ぶ

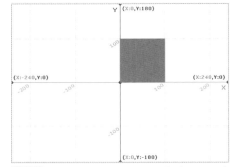

図2b　（0, 100）（100, 100）（100, 0）（0, 0）で囲まれたエリアを赤色で塗りつぶそう

赤色で塗りつぶす方法を説明します。まず、画面右下のステージを選択してから、画面左上で「背景」タブに切り替え、塗りつぶしの色を赤色（色0、鮮やかさ100、明るさ100）に設定します。次にバケツのアイコンをクリックし、x軸とy軸が交わる原点の右上側の部分を選択して塗りつぶしましょう（**図3**）。

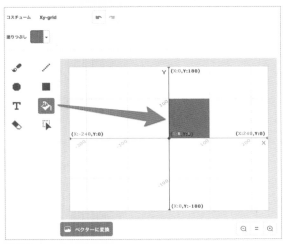

図3　バケツを使って赤色に塗りつぶす

　(x:0, y:0) という部分の「0」の中や文字自体が塗りつぶされずに残ってしまうので、「コスチューム」タブの右下、虫眼鏡に ＋ サインのアイコンをクリックして、コスチューム画面を拡大し、文字の各パーツを塗りつぶしていきます（**図4**）。

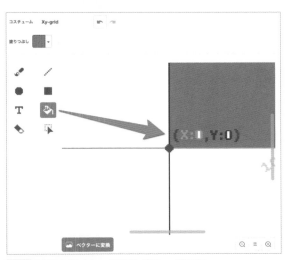

図4　画面を拡大し、細部も塗りつぶそう

　次に、ダーツのスプライトを追加します。スプライト一覧の右下にある、筆の形をした「描く」アイコンを選びます（**図5a**）。コスチューム画面の下の方にある「ビットマップに変換」ボタン（**図5b**）をクリックして、ビットマップモードに切り替えます。ベクターモードのままだと、これから描くダーツにアンチエイリアスの処理がかかってしまって、当たり判定が働かない場合があるからです。

　ダーツは、1ピクセル x 1ピクセルの点になるように、線の太さを1にして、コスチュームの中心（十字の真ん中）に筆で黒色（色0、鮮やかさ100、明るさ0）の点を1つ描きます（**図5c**）。黒い正方形として描かれるダーツは、真ん中に置けないので、図のように画面の中心から1ピクセル左上にずれた位置に置いてください。

図5a 「描く」を選ぶ

図5b 「ビットマップに変換」ボタンをクリックする

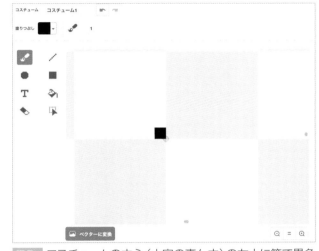

図5c コスチュームの中心（十字の真ん中）の左上に筆で黒色の点を1つ書こう

　続いて、ダーツのコードを作りましょう。

　「ダーツの合計本数」、「当たり」という変数を作ります。作成時には、いずれも「このスプライトのみ」を選びます（次ページの**図6**）。「ダーツの合計本数」は投げるダーツの全部の本数、「当たり」は赤いエリアに当たった本数を意味します。「ダーツの合計本数」は、最初は100にしておきます。

　途中経過がわかるように、今何本目のダーツを投げているのかを示す「現在の本数」という変数も「このスプライトのみ」で追加しておきます。

　これらの3つの変数（「ダーツの合計本数」「当たり」「現在の本数」）を使って、次のコードを書きます（次ページの**図7**）。

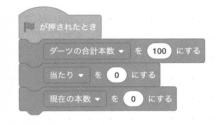

図6 「ダーツの合計本数」「当たり」「現在の本数」という3つの変数を作る

図7 ダーツのコード

次に、ダーツを投げる処理を作ります。ダーツは下図の青い枠で囲まれたエリアに投げます（**図8**）。

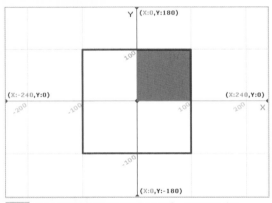

図8 青い枠で囲まれたエリアにダーツを投げる

x座標が−100から100、y座標が−100から100に囲まれたエリアにランダムに点を置くと考えれば、以下のブロックで表すことができます（**図9**）。精度を上げるために、範囲を−100.0 から 100.0 までとして、それぞれの値が整数でなく浮動小数点数になるようにしています。

Introduction

Chapter 1

Chapter 2

Chapter 3

Chapter 4

Chapter 5

Chapter 6

Special

Appendix

図9 青い枠の範囲にランダムに点を置く

　これを「ダーツの合計本数」回だけ繰り返します。そして、もし赤色（色0、鮮やかさ100、明るさ100）に触れたら当たりということなので、「当たり」の本数に1を加えます。当たっても当たらなくても「現在の本数」には1を加えます（**図10**）。

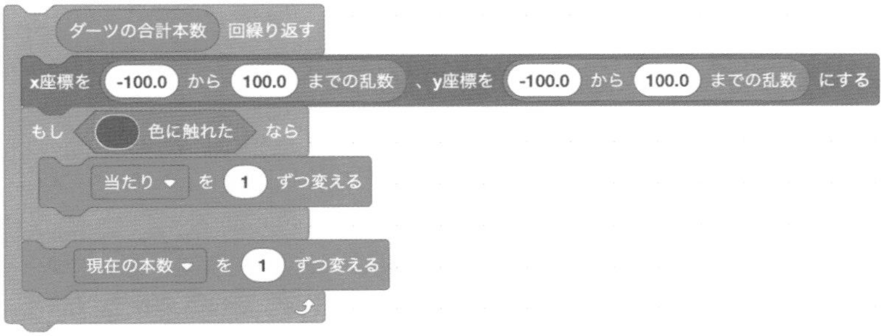

図10 「ダーツの合計本数」回だけ繰り返すコード

　最後に「赤色のエリアに当たったダーツの数は〇〇本です。」と言うようにして、当たったダーツの本数がわかるようにします。次のプログラムになります（**図11**）。

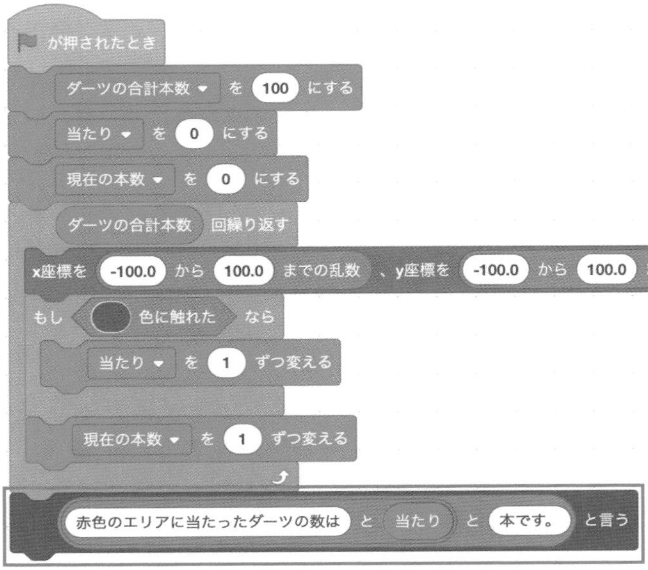

図11 ダーツのコード

53

プログラムを実行してみましょう。「現在の本数」の横のチェックボックスにはチェックを入れて、「現在の本数」の値をステージ上に表示して、途中経過がわかるようにしておきます。

赤色のエリアの面積は、ダーツを投げる外側の正方形の面積の4分の1なので、もし均等にダーツが投げられれば、100本中、だいたい25本が当たるはずです。しかし、投げるダーツの数が少ないので、20本だったり、30本を超えたりすることがあるかもしれません（**図12**）。

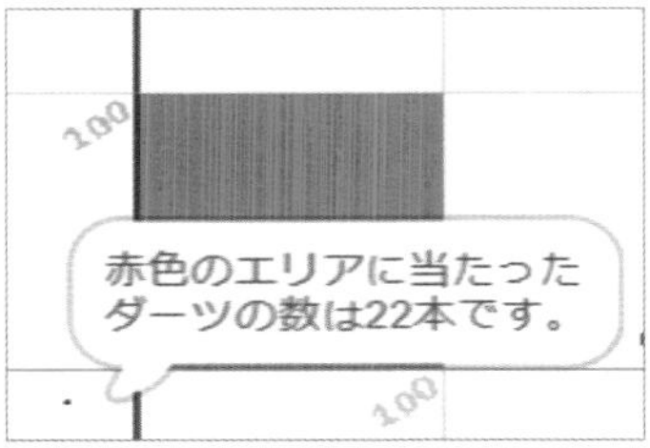

図12 投げるダーツの数が少ないので、20 ～ 30本くらいになることが多い

そこで「ダーツの合計本数」をもっと大きな数、例えば40000にしてみましょう。40000回もダーツを投げると時間がかかってしまうのですが、Scratchのターボモードを使えば、プログラムを高速に実行できます。Shiftキーを押しながら緑の旗をクリックするか、メニューの「編集」＞「ターボモードにする」を選んでターボモードに切り替えましょう。

ターボモードにしても少し時間はかかりますが、何度かプログラムを実行してみましょう。どうでしょうか？ 下図のようにだいたい10000本近辺に落ち着くのではないでしょうか（**図13**）。もう一度、Shiftキーを押しながら緑の旗をクリックするか、メニューの「編集」＞「ターボモードを解除する」を選んで、ターボモードを解除しておきましょう。

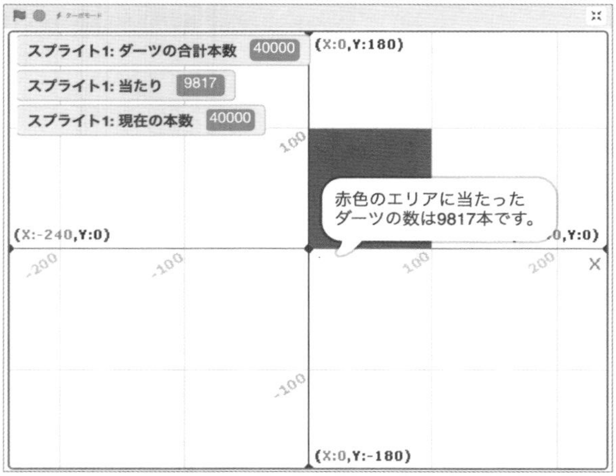

図13 40000回ダーツを投げると当たりは10000本前後になる

このように投げる本数を十分増やせば、誤差は小さくなっていくことがわかるでしょう。

今回は、赤いエリアの面積はあらかじめわかっていました。しかし、これがわかっていない場合でも、外側のエリアの面積が 200 × 200 = 40000 とわかっていることから、もし当たったダーツの本数が10000本近辺ならば、赤いエリアの面積はだいたい外側のエリアの4分の1だということが推測できます。

例えば、以下に示すような数学的に面積を求めるのが難しい形でも、ダーツを闇雲に投げて当たった数を数えることで、だいたいの面積がわかります。40000本を投げて当たった本数が4000本くらいならば、青い枠で囲った正方形の10分の1くらいだなということが推測できるのです（**図14**）。

図14 数学的に面積を求めるのが難しくてもおおよその面積がわかる

円の面積から円周率を求める

ダーツを投げることで、だいたいの面積を当てられることがわかりました。それでは、これまで登場した1辺の長さ200の正方形にぴったり接する円を考えます（次ページの**図15**）。

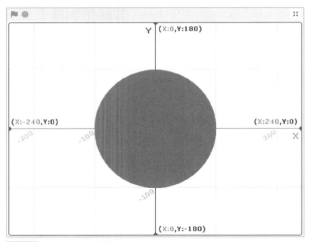

図15 1辺の長さ200の正方形にぴったり接する円を考えよう

　たくさんのダーツを投げたとして、そのうち赤い円に何本ダーツが当たったかを数えれ
ば、円の面積と正方形の面積の比率がわかります。正方形の面積は200 × 200 = 40000
なので、次の式で比率が出ます。

**円の面積 / 40000（正方形の面積）＝ 円の内側に当たったダーツの本数 / 投げる全ダーツ
の本数**

　例えば、もしダーツがちょうど半分当たったら、円の面積も正方形の半分と考えてよいで
しょう。
　さて、ここで円の面積の公式を思い出してみましょう。

円の面積 ＝ 円周率（π）× 半径 × 半径

これが円の面積を求める公式です。
　ではなぜ、円の面積が上記の公式で求められるのかを見てみましょう。円を扇形に細か
く切ってみます（**図16a**）。
　そして、それを次のように並べ替えます（**図16b**）。

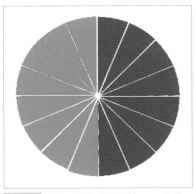

図16a 円を扇形に細かく切ってみる

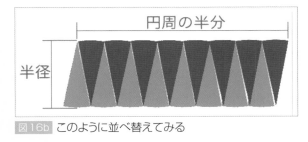

図16b このように並べ替えてみる

　図では円を16分割していますが、もっと細かくとてつもなく大きな数で割ったと考えます。その場合、上で示す右側の図形は縦が半径の長さ、横が円周の半分の長さの長方形に近づきます。そして無限大の大きさの数で割って扇形が限りなく小さくなったときは、横の辺の連続する丸みはなくなり、図形は長方形そのものになると考えます。

　このとき、長方形の面積は、以下になります。

長方形の面積 ＝ 半径 × 円周の半分 ＝ 半径 × 円周 / 2

　ここで、円周率とは何であったかを思い出しましょう。円周率とは、直径を1としたときの円周の長さ、つまり円周は直径の何倍なのかを表す数字でした。

円周 ＝ 直径 × 円周率

　この式を利用して長方形の面積を求める式を書き換えると、以下になります。

長方形の面積 ＝ 半径 × 直径 × 円周率 / 2

直径というのは 半径 × 2 なので、

長方形の面積 ＝ 半径 ×（半径 × 2）× 円周率 / 2

Introduction

Chapter 1

Chapter 2

Chapter 3

Chapter 4

Chapter 5

Chapter 6

Special

Appendix

2を掛けたあとに2で割っているので、この2は消えて、結局次のようになるのです。

長方形の面積 = 半径 × 半径 × 円周率

長方形の面積は円の面積と一緒なので、上の式の順番を並び替えることで、以下が導けます。

円の面積 = 円周率（π）× 半径 × 半径

　さて、以下の**図17**においては、次のように言えました。

円の面積 / 40000（正方形の面積）= 円の内側に当たったダーツの本数 / 投げる全ダーツの本数

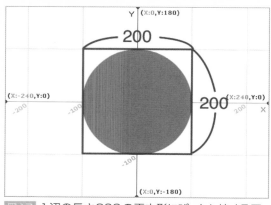

図17　1辺の長さ200の正方形にぴったり接する円

この円の半径は100なので、以下で円の面積が得られます。

円の面積 = 円周率（π）× 100 × 100 = 円周率（π）× 10000

これを先の式に当てはめると、以下になります。

円周率（π）× 10000 / 40000 = 円の内側に当たったダーツの本数 / 投げる全ダーツの本数

10000 / 40000 は約分すれば 1 / 4 ですから、

円周率（π）× 1 / 4 ＝ 円の内側に当たったダーツの本数 / 投げる全ダーツの本数

両辺に4を掛けて、結局は次のようになります。

円周率（π）＝ 円の内側に当たったダーツの本数 / 投げる全ダーツの本数 × 4

　投げる全ダーツの本数はわかっていますから、円の内側に当たったダーツの本数がわかれば、そこから円周率もわかるということです。

　正方形にダーツを投げたコードを変更して、円の内側に当たるダーツを数えるプログラムを作っていきます。

　ダーツを投げる前に、まずは円を描きます。赤い正方形が描かれていないまっさらな背景に変えるために、ステージを選択してから「背景」タブを選び、画面下の方の写真に ＋ サインがついたアイコンで表された「背景を選ぶ」をクリックして（**図18a**）、「すべて」カテゴリーにある「Xy-grid」を選びます（**図18b**）。

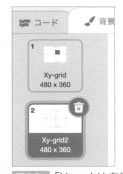

図18a このアイコンをクリックする　　図18b 「Xy-grid」を追加する

　まずは、ダーツのスプライトのプログラムに円を描く以下のコードを追加します。ここでは、「ペン」のブロックを使います。「ペン」は拡張機能として用意されているので、画面左下の「拡張機能を追加」ボタンをクリックし（次ページの**図19a**）、開いた画面でペンを選択します（次ページの**図19b**）。すると「ペン」カテゴリーが追加されます。

　最初に x:0、y:0 に移動して、太さが200の赤色ペンを下ろすと、半径が100の円が（0,0）を中心にして描かれます。以降ペンは使わないので、最後にペンは上げておきます（次ページの**図19c**）。

Introduction

Chapter 1

Chapter 2

Chapter 3

Chapter 4

Chapter 5

Chapter 6

Special

Appendix

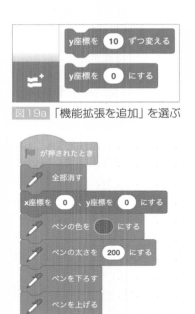

図19a 「機能拡張を追加」を選ぶ

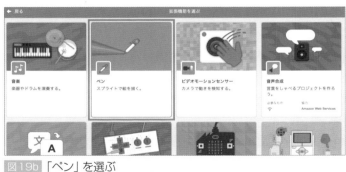

図19b 「ペン」を選ぶ

図19c ダーツのスプライトに円を描くコードを追加する

ダーツを投げるプログラムは次の通りです(**図20**)。

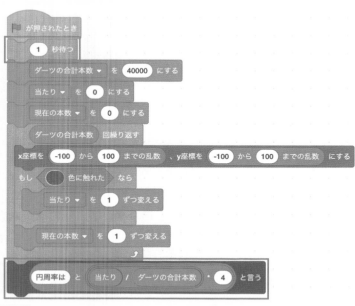

図20 ダーツを投げるコード

60

Introduction

Chapter 1

Chapter 2

Chapter 3

Chapter 4

Chapter 5

Chapter 6

Special

Appendix

　円が描かれるのを待ってからダーツを投げ始める必要があるので、最初に1秒待っています。最後に円周率を言わせていますが、これは前述した以下の式を表しています。

円周率（π）＝ 円の内側に当たったダーツの本数 / 投げる全ダーツの本数 × 4

　それでは、プログラムを実行してみます。繰り返しに時間がかかるので、「編集」＞「ターボモードにする」でターボモードに切り替え、処理速度を速くして実行します（**図21**）。

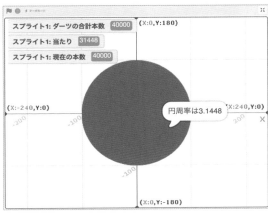

図21 スプライトを実行した例

　3.14に近い数字が出たでしょうか？ 投げるダーツの本数を増やせば、もう少し精度の高い値が出るかもしれません。3.1415くらいまで期待していた人には残念かもしれませんが、3よりは精度の高い値が出るのではないでしょうか？
　プロジェクトの名前を「ダーツで円周率を求める」に変更しておきましょう。

　実際に円を描いた紙を用意して、そこに向けてダーツを何万回も投げるということは現実的ではありません。しかし、Scratchを使うことでそうした実験を仮想的に行うことができるので、モンテカルロ法を実際に試してみることができました。

同様のプログラムをJavaScriptで書いてみよう

　モンテカルロ法で円周率を求めるプログラムをJavaScript[注1]で書いてみましょう。

　JavaScriptは多くのウェブブラウザに実装されており、どのパソコンにもウェブブラウザははじめからインストールされているものなので、他のプログラミング言語と違って環境を構築することなく使うことができて便利です。図22のプログラムをテキストファイルにコピーして、それをウェブブラウザで開くだけで実行できます。

```html
<html>
<body>
<canvas id="canvas" width="200" height="200"></canvas>
<div id="pi"></div>
<script type="text/javascript">
var canvas = document.getElementById('canvas');
var context = canvas.getContext('2d');
var total = 40000;
var hit = 0;
var r = 100;

// 円を描く
context.beginPath();
context.fillStyle = 'rgb(255, 0, 0)';
context.arc(r, r, r, 0, Math.PI * 2, false);
context.fill();

for(var i = 0; i < total; i++) {
  // ダーツをランダムな場所に投げる
  var x = Math.random() * r * 2;
  var y = Math.random() * r * 2;

  // 色を取得
  var imageData = context.getImageData(x, y, 1, 1);
  var colorArray = Array.prototype.slice.apply(imageData.data)
```

注1　JavaScriptに関する情報は以下を参照してください。
　　　https://developer.mozilla.org/ja/docs/Web/JavaScript

```
  // 当たったところが赤だったらhitを増やす
  if (colorArray[0] == 255) {
    hit++;
  }
}


// 結果を表示する
var result = document.getElementById('pi');
var pi = hit / total * 4;
result.innerText = '円周率は' + pi;
</script>
</body>
</html>
```

図22 モンテカルロ法で円周率を求めるJavaScriptプログラム

　<script type="text/javascript"> までの前半がHTMLと呼ばれる部分で、ウェブブラウザ上に表示する要素、後半がJavaScriptのプログラム部分です。プログラムの部分で行っていることはScratchで実行していた処理とほぼ同じです。
　ファイルをウェブブラウザで開いて実行してみた結果を次に示します（図23）。

図23 モンテカルロ法で円周率を求めるJavaScriptプログラムの実行例

　処理速度が速いので、ダーツが4万本くらいであればあっという間に投げ終わってしまいます。投げる本数を増やせば精度が上がるかどうかなど、プログラムを修正して試してみてください。

chapter 3 / 第3章　三角関数を使って万華鏡のような模様を作ろう

　万華鏡をのぞいてみると、とてもきれいな模様が見えます。筒の形をした万華鏡の中は、鏡でいくつかの部屋に分けられており、その中に色のついたビーズなどが入っています。これらが鏡に映ることで対称的なパターンを作り、きれいな模様を描くのです。筒を回すとビーズの位置が変わるため、見るたびに異なる模様を楽しめます（**図1**）。

図1　万華鏡が描く模様の例

　このような対称的なパターンをScratchで作ってみましょう。

　マウスで操作する鉛筆とその分身をいくつか作ります。ステージの中央を中心にして、鉛筆を回転させ、等間隔にいくつか鉛筆の分身を配置します。適当に鉛筆で線を描いたときに、その分身が同じように動いて線を描けば、対称的なパターンを描けます（**図2**）。

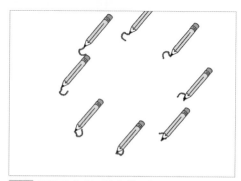

図2　鉛筆の分身で線を描こう

三角関数を使ってみよう

　ステージの中央を中心にして鉛筆を回転させるには、三角関数を使います。まずは、三角関数のおさらいをしておきましょう。三角関数をまだ聞いたことがないという人でもわかるように説明します。

　画面の中央(x:0 y:0)を頂点とした下図のような直角三角形を考えます。一番長い辺の長さが1で、その辺とx軸が作る角度をθとします。θは「シータ」と呼びます。このとき、x軸に沿った辺の長さを$\cos\theta$、もう一方のx軸と直角の辺の長さを$\sin\theta$と定義します。「定義する」というのは、「そのように決めましょう」ということです（**図3**）。

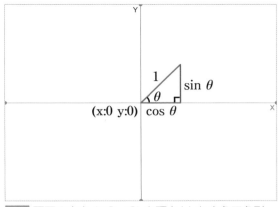

図3 画面の中央 (x:0 y:0) を頂点とした直角三角形

　例えばθが45°[注1]のときは、下図の青い線の長さを$\sin 45°$、赤い線の長さを$\cos 45°$と表します（**図4**）。

　θが45°のとき、図の緑と青の線ではさまれたもう1つの角も、内角の和が180°であることから 180 − 90 − 45 = 45 で45°であることがわかります（**図5**）。

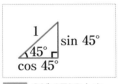

図4 θが45°のとき

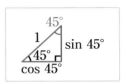

図5 もう1つの角も45°になる

注1　Scratchでは、角度を0〜360で表す度数法（degree）を使います。角度を表す方法には他に、0〜2πで表す弧度法（radian）もあります。また、Scratchのy軸の方向は図3とは反対向きです。つまり、下が正の方向で、角度は時計回り（右回り）に増えます。ここでは学校などで習う通り、反時計回り（左回り）に増えていく角度で説明しています。

そうすると、この三角形は赤い辺と青い辺が等しい二等辺三角形であることがわかります。つまり、cos 45°とsin 45°は同じ長さになるはずです。

実際にどのくらいの長さになるのかScratchを使って確かめてみましょう。「演算」カテゴリーの「( )の絶対値」のブロックをコードエリアに移動します（**図6**）。

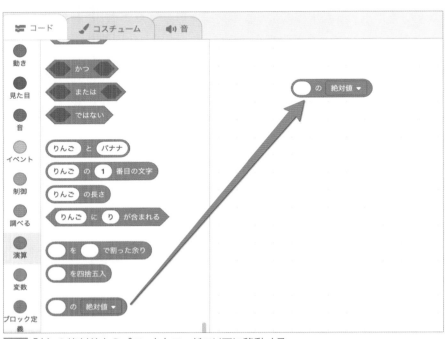

図6 「( )の絶対値」のブロックをコードエリアに移動する

絶対値の横の矢印をクリックし、cosに変えます。そして数字の欄には45と入力します。入力し終わったら、ブロックをクリックしてみましょう。cos 45（以後°は省略）の値がブロックの右上に 0.7071067812 と表示されます（**図7**）。

次に同じように sin 45の値を表示してみましょう（**図8**）。

図7 cos 45の値が表示される　　図8 sin 45の値が表示される

　こちらも0.7071067812 と表示されましたね。

　cos 45 も sin 45 も同じ値であるということがわかりました。しかし、今確かめたのは θ が45のときだけですね。θ がどんな値のときでも、最初の図で表したように、cos θ と sin θ が斜辺1の直角三角形の残り2辺となっていることを、Scratch を使って確認してみましょう。

　確認するために、ネコに直角三角形を描かせてみます。斜辺が1だと、とても小さな三角形になってしまうので、代わりに100倍大きな三角形を描くことにします（**図9**）。

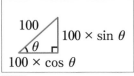

図9　斜辺が100の三角形を描こう

　このとき、それぞれの線の長さはもとの長さの100倍になるので、緑色の斜辺の長さは100、赤い線の長さは 100 × cos θ、青い線の長さは 100 × sin θ となります。

　まずは、緑色の長さ100の斜めの線を描いてみましょう。座標がわかりやすいように、x軸とy軸が表示される「Xy-grid」というステージの背景画像を選びます（**図10**）。画面右下のステージにおいて「背景を選ぶ」ボタンをクリックして、「すべて」のカテゴリーの最後の方に表示される「Xy-grid」を選びます。

図10　「背景を選ぶ」から「Xy-grid」を選ぶ

プログラムを開始したときに、いつもネコは画面の中央(x:0 y:0)にいるように、そして右（90°）を向くようにします（**図11**、**図12**）。

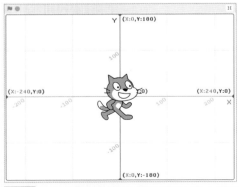

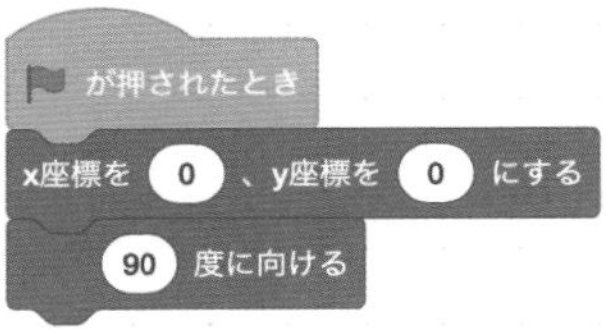

図12 そのためのコード

図11 ネコは画面の中央で右向きにいるようにする

θの角度は、ユーザーが自分で入力して自由に決められるようにしましょう。「調べる」カテゴリーの「『あなたの名前は何ですか?』と聞いて待つ」ブロックをつなげ、「あなたの名前は何ですか?」の部分を編集して「角度は何度?」に変更します（**図13**）。

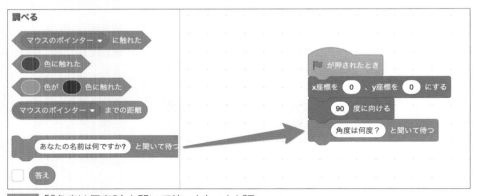

図13 「『角度は何度?』と聞いて待つ」をつなげる

ここで、試しにプログラムを実行してみてください。ネコが「角度は何度?」と聞いてきて、ユーザーが入力できる欄が下の方に現れます（**図14**）。

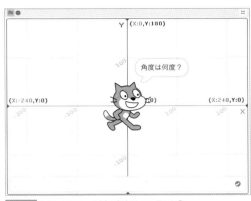

Introduction

Chapter 1

Chapter 2

Chapter 3

Chapter 4

Chapter 5

Chapter 6

Special

Appendix

図14 試しにコードを実行してみよう

　この入力欄に何かタイプし入力してからリターンキーを押すと、入力した内容が「調べ
る」カテゴリーの「答え」ブロックに入ります。数字を入れるときは、全角でなく半角で入
れることに注意しましょう。この「答え」ブロックは、変数のように使うことができます。
　「角度」という変数を「すべてのスプライト用」で用意して、「答え」をこの「角度」に入れ
ましょう（**図15a**）。この変数はあとで別のスプライトからも呼ばれるので、「このスプライ
トのみ」ではなく、「すべてのスプライト用」にします。
　変数「角度」の分だけネコを反時計回り（左回り）に回します（**図15b**）。

図15a 「答え」を「角度」に入れる

図15b 「角度」の分だけネコを回そう

　次に、緑の線を描くために、第2章でも使った「ペン」の拡張機能を使います。画面左下
の「拡張機能を追加」ボタンをクリックし（次ページの**図16a**）、開いた画面でペンを選択し
ます（次ページの**図16b**）。すると「ペン」カテゴリーが追加されます。

図16a 「拡張機能の追加」を選ぶ　　図16b 「ペン」を選ぶ

　続けて、ペンの色を指定するブロックの色の部分をクリックして緑色（色32、鮮やかさ100、明るさ50）を設定し（**図17a**）、それをコードに加えます（**図17b**）。

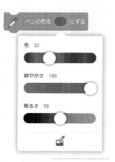

図17a ペンの色を緑色にする　　図17b そのブロックを下に加える

　ペンの色を緑色にしたら、ペンを下ろして100歩動かします。100の長さの緑の線を描くようになります（**図18**）。

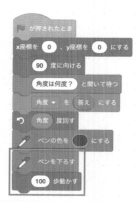

図18 ペンを下ろして100歩動かそう

プログラムを実行してみましょう。「角度は何度？」と聞かれたら半角で45と入力します。θが45のときの緑の線、つまり斜辺をネコが描きます（**図19**）。

もう一度プログラムを実行します。今度は角度を60と入力してみましょう（**図20**）。

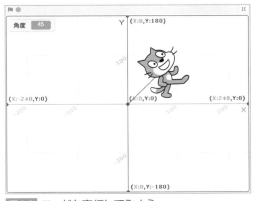

図19 コードを実行してみよう

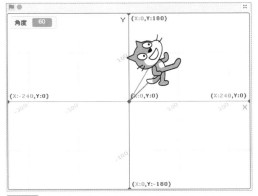

図20 角度を60にしてもう一度実行しよう

角度を45と指定したときの線が残ってしまっているので、プログラムを開始してすぐに「消す」ブロックでペンの線を消すようにしましょう。また、描いた線がよく見えるように、線を引き終わったら、「2秒待つ」と「隠す」ブロックで2秒後にネコを隠すようにします。さらに、ネコを隠した後、これ以上線を描かないようにするために、「ペンを上げる」ブロックでペンを上げます。隠したネコは、プログラムを開始してペンで描いた線を消したあとに、「表示する」ブロックで再び表示するようにしています（**図21**）。

図21 改良後の斜辺を描くコード

斜辺が描けたので、次は残りの2辺を描いていきます。残り2辺を描くための別のネコを用意しましょう。そのために、斜辺を描くネコ（スプライト1）を右クリックメニューで複製します（**図22a**）。ステージの下にあるスプライト一覧で、複製したネコのスプライト（スプライト2）が選択されていることを確認してください。複製したネコのコードからは「角度は何度？と聞いて待つ」以降を捨ててしまいます（**図22b**）。

図22a　　　　図22b 複製したネコ（スプライト2）のコード

2辺のうち、最初は図の赤い線、右方向に $100 \times \cos\theta$ だけ進みます（**図23**）。

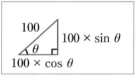

図23 下辺の赤い線を描こう

ペンの色を赤色（色0、鮮やかさ100、明るさ100）にして（**図24a**）、ペンを下ろしたあと、100×角度のcos 歩だけ動かします（**図24b**）。

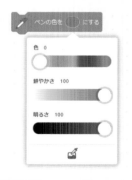

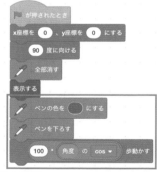

図24a ペンの色を赤色にする　　　図24b 赤色のペンを下ろして 100 × cos(角度) だけ動かす

　ここで注意しないといけないのは、変数「角度」には、斜辺を描くネコがユーザーに聞いてからその答えが入るため、残り2辺を描くこのネコはその値を知らないということです。

　そこで、斜辺を描くネコ（スプライト1）が動き終わったタイミングで、残り2辺を描くネコ（スプライト2）をスタートさせるようにしましょう。そのために、コード間でメッセージをやり取りできるブロックを使います。

　スプライト一覧で斜辺を描くネコのコード（スプライト1）に切り替えて、「イベント」カテゴリーから「『メッセージ1』を送る」をドラッグしてコードの最後につなげます（**図25**）。

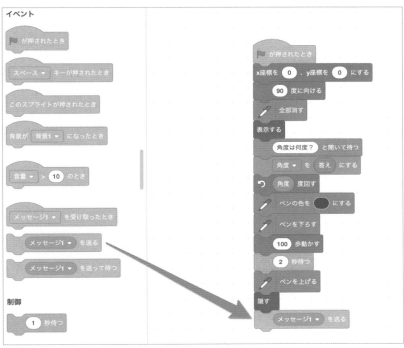

図25 「『メッセージ1』を送る」をコードの最後につなげる

　「『メッセージ1』を送る」をクリックして、「新しいメッセージ」をクリックします（**図26**）。

図26 「新しいメッセージ」をクリックする

「新しいメッセージ」というダイアログが開くので、メッセージ名に「線を引く」と入力して、OK ボタンをクリックします（**図27**）。

図27 「線を引く」というメッセージ名にする

これで斜辺を描くネコがすべての処理を終えた最後に、「線を引く」という名前のメッセージを送るようになります（**図28**）。

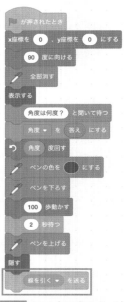

図28 ネコ（スプライト1）のコード

メッセージはすべてのスプライトに送られます。1対1で送られる電話や電子メールのメッセージというよりは、テレビ局から放送される電波のようなものと思ってください。

残り2辺を描くために複製したもう1匹のネコ（スプライト2）の方では、「線を引く」のメッセージを受け取ってから動き始めるようにコードを変更します。「緑の旗が押されたとき」を「『線を引く』を受け取ったとき」に置き換え、「全部消す」のブロックは削除します。

三角関数を使って万華鏡のような模様を作ろう

74

背景のオレンジ色の線と重なって見えにくくなってしまうのを防ぐため、線の太さを3にします。線を描き終わったら、2秒経ってからペンを上げ、ネコを隠すようにしています（**図29**）。

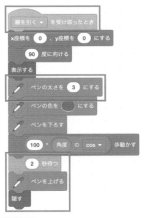

図29 もう1匹のネコ（スプライト2）のコード

このプログラムを実行してみます。緑の斜辺と、残り2辺のうちの cos θ の線が描けたはずです（**図30**）。

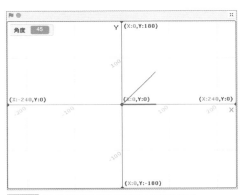

図30 緑の斜辺と赤い下辺が描かれる

cos θ の線を描いたあと、続けて sin θ の線を描きます。

描いている途中だとわかるように1秒待つようにします。反時計回りに90度回転して、ペンの色を青色（色64、鮮やかさ100、明るさ100）にして（次ページの**図31a**）、100×角度の sin 歩だけ動かします（次ページの**図31b**）。

図31a ペンを青色にする

図31b 1秒待ってから、90度反時計回りに回転し、青ペンで100×sin（角度）だけ動かす

上記コードを挿入した最終的なプログラムは次の通りです（**図32**）。

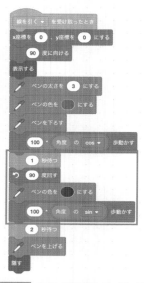

図32 ネコ（スプライト2）のコード

では、コードを実行してみましょう（**図33**、**図34**）。

図33 コードを実行したところ（その1）

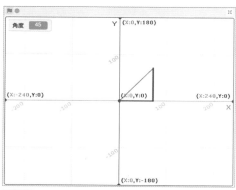

図34 コードを実行したところ（その2）

三角関数を使って万華鏡のような模様を作ろう

　cos θ 進んだあとに90曲がり、sin θ だけ進めば、長さ100の斜辺（緑の線）とぴったり重なることがわかります。角度をいろいろ変えても、いつも直角三角形ができることを確認しましょう。

　試しに60と入力します（**図35**）。

　90よりも大きな角度ではどうでしょうか？ 135と入力してみます（**図36**）。

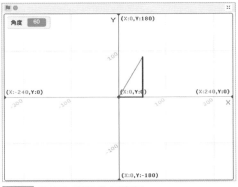

図35　角度を60にして実行

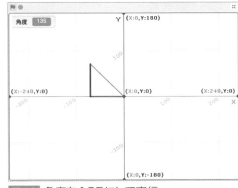

図36　角度を135にして実行

　次に、210と入力してみます（**図37**）。

　さらに、318と入力してみます（**図38**）。

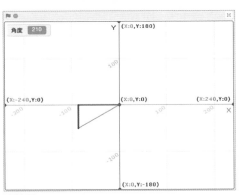

図37　角度を210にして実行

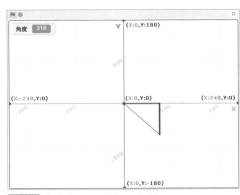

図38　角度を318にして実行

　角度が90以上のときは、x軸とy軸で区切られた右上以外のエリアで直角三角形を作ります。このとき、cos θ や sin θ の値は片方または両方がマイナスの値になりますが、それでも、ちゃんと三辺の頂点が一致した直角三角形になります。

　プロジェクトの名前を「三角関数」に変更しておきましょう。

三角関数を使って回転を表現する

　三角関数のおさらいをしたところで、次にステージの中央を中心にしてキャラクターを回転させるプログラムを作りましょう。

　まず、(x, y)という座標にある点を考えます。この点からx軸とy軸の両方に垂直な線を下ろし、それらの線とx軸とy軸とで作る長方形を考えます（**図39**）。

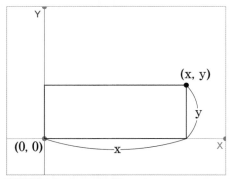

図39 座標(x, y)とx軸、y軸とで作る長方形を考えよう

　(x, y)およびこの長方形を、(0, 0)を中心にして θ だけ回転させます。

　(x, y)を θ だけ回転したとき、長方形の長さxの下の辺も同じだけ回転します。そこで、回転したあとの長方形の下の辺とx軸が作る角度も θ となります（**図40**）。

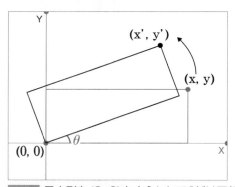

図40 長方形を(0, 0)を中心にして θ だけ回転させる

Introduction

Chapter 1

Chapter 2

Chapter 3

Chapter 4

Chapter 5

Chapter 6

Special

Appendix

また、同じように長方形の左の辺とy軸が作る角度もθです（**図41**）。

下図の２つの青い直角三角形はおなじ大きさです（**図42**）。

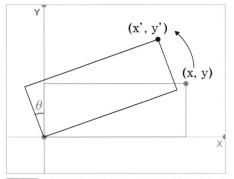

図41 長方形の左の辺とy軸が作る角度もθになる

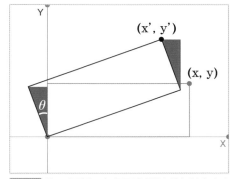

図42 ２つの青い直角三角形はおなじ大きさ

これらのことを利用して、(x, y)の回転した先 (x', y') をxとyで表してみましょう。

まずx'を考えます。回転したあとの長方形の右下の頂点のx座標は下図からx cos θ とわかります（**図43**）。

回転したあとの長方形の右側にできた小さな直角三角形と、y軸と長方形が作る直角三角形は同じ大きさです。左側の直角三角形で三角関数を使うと、両方の直角三角形の赤色の部分の長さはy sin θ だということがわかります（**図44**）。

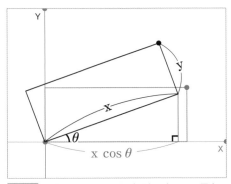

図43 回転したあとの長方形の右下の頂点の
x座標はx cos θになる

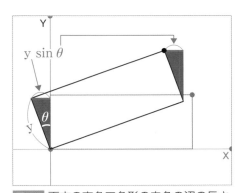

図44 両方の直角三角形の赤色の辺の長さ
はy sin θになる

つまり、次が成り立ちます（**図45**）。

x' = x cos _θ_ - y sin _θ_

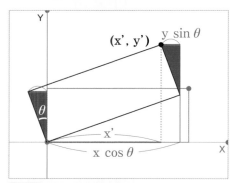

図45 x'は、x cos _θ_ - y sin _θ_になる

次に y' を求めます。回転した長方形の右下の頂点の y 座標は、下図からx sin _θ_だとわかります（**図46**）。

そこからy'まで足りない長さは青の直角三角形の右側の辺の長さです。この長さは、左側の直角三角形で三角関数を利用してy cos _θ_だとわかります（**図47**）。

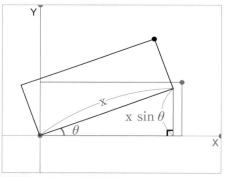

図46 回転した長方形の右下の頂点のy座標はx sin _θ_になる

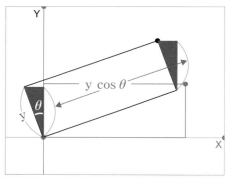

図47 両方の直角三角形の赤色の部分の長さはy cos _θ_になる

つまり、次が成り立ちます（**図48**）。

$$y' = x \sin \theta + y \cos \theta$$

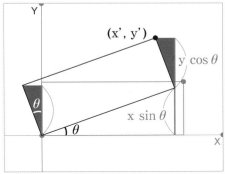

図48 y'は、x sin θ + y cos θになる

　以上をまとめると、もとの座標をx, yとして原点を中心にして角度θだけ回転したとき、回転後の座標x'とy'はそれぞれ次のように表すことができます。

$$x' = x \cos \theta - y \sin \theta$$
$$y' = x \sin \theta + y \cos \theta$$

　このことをScratchで確認してみましょう。
　まず、新しいプロジェクトを作成します。座標がよくわかるように、x軸とy軸が表示される「Xy-grid」ステージを選びます。
　回転の様子がよく見えるように、ネコの大きさを小さくしておきましょう。ネコのスプライトを選択し、大きさの値を20に変更しましょう（次ページの**図49a**、**図49b**）。

図49a ネコを小さくしよう

図49b 「大きさ」を20に指定する

プログラム開始時、ネコを(100, 0)の場所に表示するようにします（**図50**、**図51**）。

図50 ネコを(100, 0)に表示
するコード

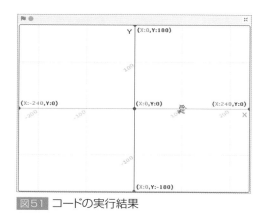

図51 コードの実行結果

変数θを「このスプライトのみ」で用意し、「角度は？」とユーザーに聞いて待ちます。その答えをθの値に入れることにします（**図52**）。

図52 変数θに値を入れるコード

　答えを θ にセットしたら、先ほどの回転の公式の通り、回転前のx座標とy座標で表した回転後の座標の場所にネコを移動します（**図53**）。それには、「x座標を『x座標』× θのcos −『y座標』× θのsin、y座標を『x座標』× θのsin ＋『y座標』× θのcos にする」のブロックを追加します。

図53　原点を中心に、指定した角度ぶん回転した先にネコが移動するコード

　それではプログラムを実行してみましょう（**図54**、**図55**）。

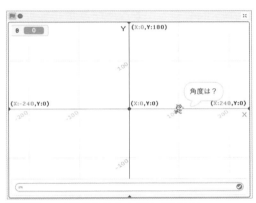

図54　コードを実行したところ（その1）

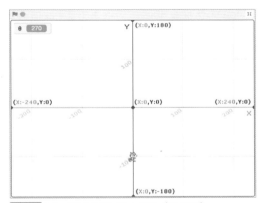

図55　コードを実行したところ（その2）

　ネコが指定した角度だけ原点を中心に回転した先に移動しているのがわかります。ただ、これだと一瞬のうちにネコが移動してしまっていて、回転している様子がよくわかりません。
　そこで回転途中の状態がわかるように、指定した角度まで1ずつ回転させてみることにします。
　新たに角度という変数を「このスプライトのみ」で作り、0から θ まで1ずつ変えるよう

にします。一回の動作で回転する角度は1です。1だけ回転するブロックを「角度＝θまで繰り返す」のブロックで囲んだものが以下のコードになります（**図56**）。

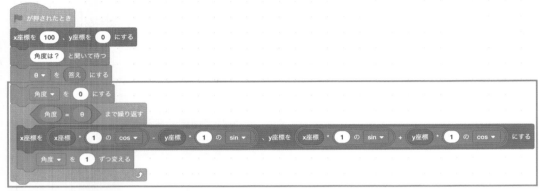

図56 0からθまで1ずつ変えるコード

　プログラムを実行してみます。今度は滑らかにネコが回転している様子がわかります（**図57**）。確認できたらプロジェクトの名前を「回転」に変更しておきましょう。

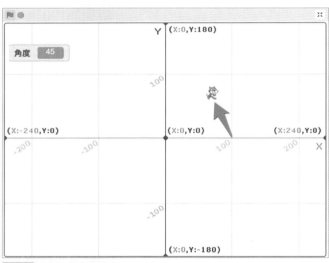

図57 今度はネコが滑らかに動く

回転機能をコピーする

　三角関数を使いキャラクターを回転できるようになりました。あとで新しく作ることに なる万華鏡模様のプロジェクトで利用できるように、ネコを回転させたプログラムの回転 の部分だけを取り出してみましょう。

　角度を指定したらその分だけ回転するというブロックがあれば、プログラムも見やすく なりますし、他のプロジェクトにコピーして再利用できるようになります。

　「ブロック定義」カテゴリーを選び、「ブロックを作る」ボタンをクリックすると、「新しい ブロック」のウィンドウが開きます。

　「θ度回転する」というブロックを作るために、「引数を追加」をクリックして、number or text という名前の引数を追加します。次に「ラベルのテキストを追加」をクリックしま す。数値の引数（丸い欄）はθに変更し、前後のテキストのうち、後ろのテキストに「度回 転する」と入力します。前方のテキストのラベルは、ラベルを選んだときに上に現れるゴミ 箱アイコンをクリックして消しましょう（**図58**）。

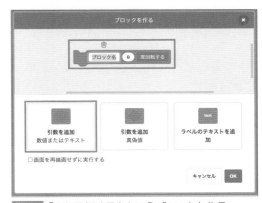

図58 「θ度回転する」というブロックを作る

　OKボタンを押すと「定義 θ度回転する」というブロックが追加されます。このブロック の下に回転の処理を行うブロックをつなげていきます（**図59**）。

図59 「定義 θ度回転する」ブロックが追加された

まずは、ネコを回転するコードの回転部分のブロックをドラッグして、定義ブロックにつなげます（**図60**）。

図60 ネコを回転するコードの回転部分のブロックをドラッグして、定義ブロックにつなげる

定義ブロックのθをドラッグして、1となっていた場所に入れていきます。4カ所あります。こうして、できあがった「θ度回転する」ブロックの定義が以下です（**図61**）。

図61 「θ度回転する」ブロックの定義

もともとこの回転の処理があった部分には、新たにできた「○度回転する」ブロックをはさみます。○の部分には1を入力します。複雑で横に長かった回転部分のブロックを取り出し、「1度回転する」というシンプルなブロックに置き換えることで、プログラムが見やすくなったのではないでしょうか（**図62**）。

図62 定義ブロックを利用したコード

Introduction

Chapter 1

Chapter 2

Chapter 3

Chapter 4

Chapter 5

Chapter 6

Special

Appendix

プログラムを実行してみて、もとの動きと変わっていないことを確認しましょう。プログラムを変えたので、「ファイル」＞「直ちに保存」でプロジェクトを保存しておきます。

こうして切り出した「θ度回転する」ブロックは、新しく作る万華鏡プログラムでも利用します。

Scratchにサインインしているときは、バックパック（以下を参照）が使えます。ブロックを別のプロジェクトで再利用する方法をこれから紹介しますが、バックパックが使える場合には、こちらを使ってブロックを再利用することもできます。

バックパックの使い方

バックパックは、英語でリュックサックのことを言います（リュックサックはドイツ語）。リュックサックのように、コードやスプライト、背景、音をドラッグしてしまっておくことができます。しまっておいたものは、あとからいつでも取り出すことができるので、プロジェクトからプロジェクトにコードなどを移したり、よく使うブロックのかたまりを後から再利用できるように保存しておいたりできます（図63）。

図63 バックパックでは、コードやスプライトをしまっておくことができる

今回の例では、「θ度回転する」ブロックを別のプロジェクトからも利用できるように定義部分をバックパックにドラッグします（次ページの図64）。別のプロジェクトで使いたいときにここから取り出して利用できます。

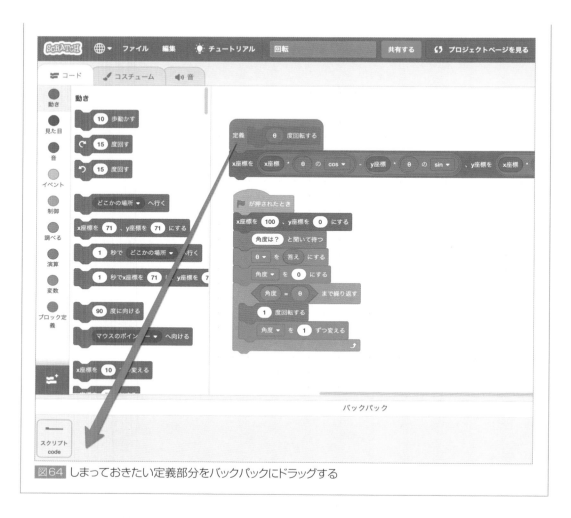

図64 しまっておきたい定義部分をバックパックにドラッグする

　これから万華鏡模様のプログラムを作るために新しいプロジェクトを作成しますが、その前に今作成した「θ度回転する」ブロックを保存しておきます。

　ネコのスプライトの上で右クリックして表示されるメニューで「書き出し」を選択して保存します。

回転を利用して万華鏡模様を作る

　続いて、新しいプロジェクトを作成し、ネコのスプライトを削除してから、先ほど保存したスプライトをアップロードします。それには、「スプライトをアップロード」をクリックして、先ほど保存したファイルを選択します（**図65**）。

図65 「スプライトをアップロード」をクリックして、先ほど保存したファイルを選択する

　万華鏡模様のプログラムでは、最終的に8本の鉛筆を登場させる（**図66**）のですが、まずは1本の鉛筆だけで模様を描けるようにしてみます。

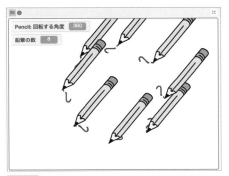

図66 最終的には8本の鉛筆で模様を描く

　鉛筆のスプライトを追加しましょう。スプライト一覧の右下にあるネコとその右上にプラスサインがあるアイコンにカーソルをあわせ、「スプライトを選ぶ」を選びます（**図67a**）。「スプライトを選ぶ」画面が開くので、中段より少し下にある「Pencil（鉛筆）」のスプライトを選択します（**図67b**）。これで「Pencil」のスプライトが追加されます（**図67c**）。

図67a 「スプライト」を選ぶ

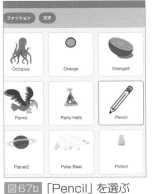

図67b 「Pencil」を選ぶ

図67c 「Pencil」のスプライトが追加された

ネコのスプライトのコードから、「θ度回転する」の一連のブロックを「Pencil」のスプライトにドラッグします。ドラッグするマウスのポインターが「Pencil」のスプライトの上にくるようにドラッグすると、「θ度回転する」の一連のブロックをコピーできます（**図68**）。

図68 ネコのスプライトのコードから「θ度回転する」を「Pencil」のスプライトにコピーする

　きちんとコピーができたら、ネコのスプライトは削除しましょう。
　では、「Pencil」のコードを作ります。「ペン」のブロックを使うので、「ペン」の拡張機能を追加します（**図69a**）。プログラムを実行するたびに、毎回ペンで描いた線を消したいので、「緑の旗が押されたとき」のすぐあとに「消す」ブロックをつけます。続けて「ずっと」ブロックを追加し、その中に「マウスのポインターへ行く」をはさみます（**図69b**）。

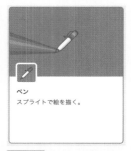

図69a 「ペン」を追加する

図69b マウスで鉛筆を動かすコード

Introduction
Chapter 1
Chapter 2
Chapter 3
Chapter 4
Chapter 5
Chapter 6
Special
Appendix

プログラムを実行してみましょう。マウスで鉛筆を動かすことができるようになりました。

マウスをクリックしたときにだけインクが出る感じで線を描けるように、「もし『マウスが押された』なら」のブロックを追加して、その中に「ペンを下ろす」と、続けて「ペンを上げる」ブロックをはさみます。ペンの太さは3にしておきます（**図70**）。

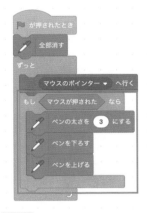

図70　マウスをクリックしたときだけ線が描けるコード

プログラムを実行してみましょう。マウスをクリックすると点々が描けますね。

ただし、青い点々が鉛筆の真ん中から出てくるため、マウスで描いている感じがしません。これは、スプライトの中心が鉛筆の真ん中になっているためです。「コスチューム」タブをクリックし、コスチュームの編集画面に切り替えて、矢印アイコンを選んだ状態で鉛筆全体を囲みます。すると鉛筆全体が選ばれた状態になるので、先端部分がエリア中心の十字マークに重なるように移動します。これで、マウスカーソルと鉛筆の先端部分が一致して、マウスで描いている感じが出るでしょう（**図71**）。

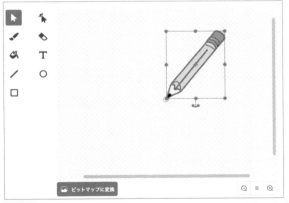

図71　コスチュームの中心を鉛筆の先端部分に設定し直す

コードエリアが表示された小さいステージ画面のままだと、クリックした瞬間しか線が描けず不都合なので、全画面表示に切り替えましょう。ステージ右上の青い四角のアイコンをクリックすると、ステージを全画面表示に切り替えることができます（**図72**）。

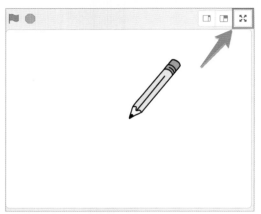

図72 ステージ左上の青い四角のアイコンをクリックして全画面表示に切り替えよう

次に鉛筆を8本に分身させます。鉛筆のスプライトを複製して、8個別々のスプライトを作ってもいいのですが、もう少しスマートな方法でプログラムを作ってみましょう。Scratchのクローン機能を使います。スプライトのクローンを作ると、そのクローンはもとのスプライトと同じ動きをする分身となります。鉛筆の分身を作る今回の目的にぴったりです。

ただし、分身したスプライトはもとのスプライトから少しずつ回転した場所に現れる必要があります。もとの鉛筆を含めて、8本の鉛筆となるので、360 / 8 = 45 で45ずつ回転した場所に現れるようにします。例えば2本目の鉛筆は、もとの鉛筆から45回転した場所に、3本目の鉛筆は90回転した場所に、4本目は135回転した場所に……という具合です。

これを実現するために、「回転する角度」という変数を用意します。スプライトのクローンを作ったら「回転する角度」だけ回転して、そのあとに「回転する角度」を45ずつ増やしていきます。

鉛筆の数はあとで変更できるように「鉛筆の数」という変数を「すべてのスプライト」で準備します。「鉛筆の数」を8に、「回転する角度」は最初0にしておきます。「回転する角度」はクローンごとに異なる値を持つようにしたいため、変数を作るときのオプションは「すべてのスプライト用」ではなく「このスプライトのみ」を選びます（**図73**、**図74**）。

Introduction

Chapter 1

Chapter 2

Chapter 3

Chapter 4

Chapter 5

Chapter 6

Special

Appendix

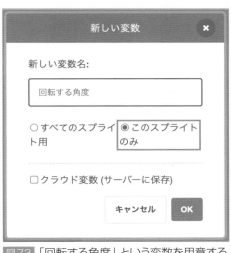

図73 「回転する角度」という変数を用意する

図74 「鉛筆の数」を8に、「回転する角度」を
0にしておく

　「クローンされたとき」のブロックを用意し、「ずっと」のブロック全体をその下に移動します（**図75**）。

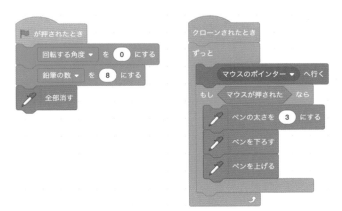

図75 「クローンされたとき」を用意し、「ずっと」からをその下に移動する

　「鉛筆の数」だけクローンを作る処理を繰り返すため、「『鉛筆の数』回繰り返す」のブロックを本体のコードにつなげます。間には「自分自身のクローンを作る」をはさみます（次ページの**図76**）。

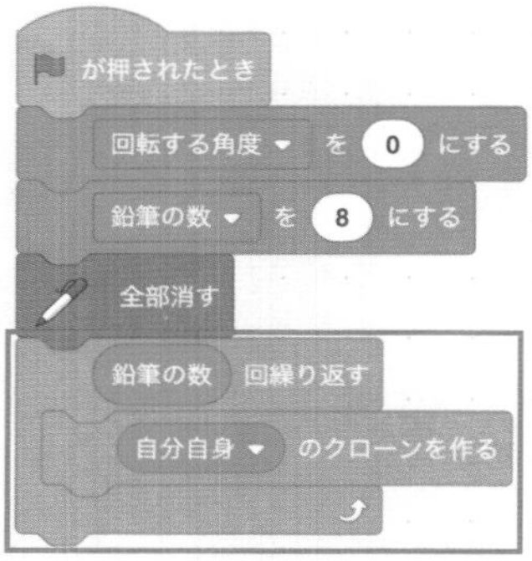

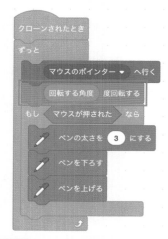

図76 「鉛筆の数」だけクローンを作る処理を繰り返します

　これでクローンは8個できるのですが、このままでは同じところに8つ重なったままになってしまいます。

　それぞれのクローンを回転させるようにしていきましょう。クローンされたときの処理の中で、「マウスのポインターへ行く」でマウスのある場所に鉛筆を表示したあと、「回転する角度」だけ回転させます。「マウスのポインターへ行く」に続いて、「『回転する角度』度回転する」という順番であることに注意してください。逆にしてしまうと、クローンを回転させたあとに、マウスの場所に全部のクローンの鉛筆が集まってしまいます（**図77**）。

図77 それぞれのクローンを回転させるようにする

　クローンを作ったあとには、「回転する角度」の変数を45ずつ変える必要があります。「鉛筆の数」を変えても動作するように、汎用性を持たせて「360 / 鉛筆の数」（8本の場合は360 / 8 = 45）ずつ変えるようにしました（**図78**）。

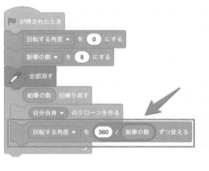

図78 回転する角度を「360 / 鉛筆の数」ずつ変えるようにする

　プログラムを動かしてみましょう。鉛筆が8つに分かれ、うまく動いているように見えます。しかし、緑の旗のすぐ下のあたりに余計な鉛筆が残ってしまうのが気になります。これは、もともとの鉛筆のスプライトです。この鉛筆はクローンを作ったあとは何もしないので、すべてのクローンを作り終えたあとに「隠す」ブロックで隠してしまいましょう。次にプログラムを実行したときには表示されるように、クローンを作る前に「表示する」で表示するようにしておきます（**図79**）。

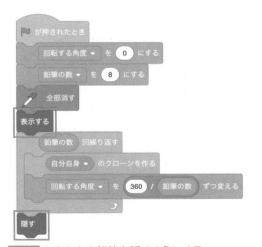

図79 もともとの鉛筆を隠すようにする

最終的に次のプログラムになります（**図80**）。

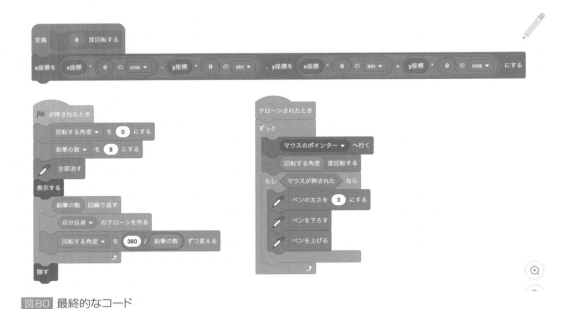

図80 最終的なコード

プログラムを実行してみましょう（**図81**）。

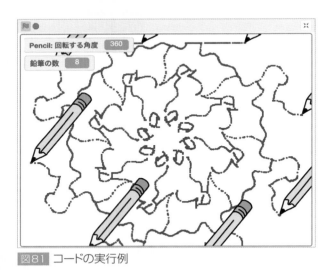

図81 コードの実行例

Introduction

Chapter 1

Chapter 2

Chapter 3

Chapter 4

Chapter 5

Chapter 6

Special

Appendix

　このような感じで万華鏡模様が描けたでしょうか？　鉛筆の数を変えられるようにしたので、鉛筆の数を増やしてみましょう。64本にしてみたのが次の例です（**図82**）。64本の鉛筆の分身が一斉に模様を描く姿はなかなか壮観です。

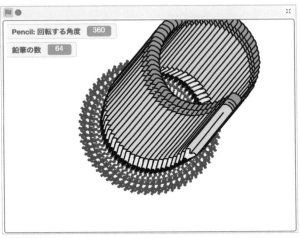

図82　鉛筆を64本にしてみた例

　確認できたら、プロジェクトの名前を「万華鏡模様」にしておきましょう。

　今回作成したプログラムでは、描いた模様の回転方向がすべて同じなのと複数の鏡による反射がなく、線対称ではないため、実際の万華鏡の模様とは少し異なります。本物の万華鏡の模様に近づけるには、どうすればよいかを考えて、プログラムを改造してみてください。

同様のプログラムをProcessingで書いてみよう

　Processing（プロセッシング）[注2]はデジタルアートに適したプログラミング言語です。簡単な命令で四角形や円を描いて、それらを移動、回転させることができます。

　万華鏡模様を描くプログラムをProcessingで書くと図83のようになります。

```
int n = 64;

void setup(){
  size(600, 600);
}

void draw() {
  if (mousePressed == true) {
    for (int i = 1; i <= n; i++) {
      float[] rmouse = rotate(mouseX - 300, mouseY - 300, 360 / n * i);
      float[] rpmouse = rotate(pmouseX - 300, pmouseY - 300, 360 / n * i);
      line(300 + rmouse[0], 300 + rmouse[1], 300 + rpmouse[0], 300 + rpmouse[1]);
    }
  }
}

float[] rotate(float x, float y, float degree) {
  float theta = radians(degree);
  float rx = x * cos(theta) - y * sin(theta);
  float ry = x * sin(theta) + y * cos(theta);
  float[] array = {rx, ry};
  return array;
}
```

図83　万華鏡を描くProcessingプログラム

　プログラムをスタートすると setup() が実行されます。ここに初期化の処理を書きます。その後は、draw() が繰り返し実行されます。

Introduction

Chapter 1

Chapter 2

Chapter 3

Chapter 4

Chapter 5

Chapter 6

Special

Appendix

　draw() の中では、クリックした場所に線を描き、少しずつ回転した場所にも線を描くという処理を64回繰り返しています。座標を回転させる処理は rotate() の中に書いています。

　forで始まる部分が繰り返しの部分です。Scratch の「○回繰り返す」ブロックにあたります。また、rotate の中で座標 (x, y) を theta だけ回転させて (rx, ry) を求めていますが、その求め方は、Scratchの回転の部分で行っていた方法と同じです。Processingのコードとscratchのプログラムとの間で多くの共通点を見つけることができます。このプログラムを実行し、描いた万華鏡模様を以下に示します（図84）。

図84 Processingプログラムの実行例

注2　Processingに関する情報は以下を参照してください。
　　　https://processing.org

第4章 chapter 4 フラクタル図形を描いてみよう

　雪の結晶のように見える以下の図形（**図1**）を、考案した数学者の名前をとって「コッホ曲線」と言います。

　赤い丸の部分を拡大すると、やはり同じような図形になっており、さらに拡大するとまた同じ図形になっていて……と、いくら拡大しても同じ図形が続く不思議な形をしています。反対に縮小すると、やはり同じような図形の一部になっています。さらに縮小すると、また同じような図形の一部になっていて……と、いくら縮小しても同じ図形が続きます。このような図形は、自分と同じような相似な図形が連続するということで、自己相似な図形、あるいは「フラクタル図形」とも呼ばれています。

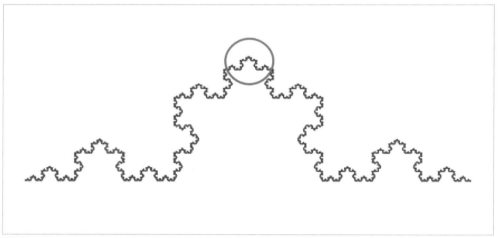

図1 フラクタル図形の1つ、コッホ曲線。全体の形と赤丸の中の形が同じ

　このような図形は、雪の結晶だけでなく海岸線や樹木の形など、自然界によく現れることでも知られています（**図2**、**図3**）。

Introduction

Chapter 1

Chapter 2

Chapter 3

Chapter 4

Chapter 5

Chapter 6

Special

Appendix

図2 雪の結晶の例

図3 植物の葉の例（シダの葉）

　冒頭に示した図1は、実はScratchを使って描いたものです。このような美しい形をどう
やって描くのかを考えながら、Scratchのプログラムでいろいろなフラクタル図形を描い
てみましょう。

シェルピンスキーの三角形を描いてみよう

　まずはフラクタル図形の中でも有名なシェルピンスキーの三角形を描いてみましょう。
シェルピンスキーの三角形とは以下のような図形です。正三角形の中に正三角形が描かれ
ていて、その小さな正三角形の中には、さらに小さな正三角形が描かれています（**図4**）。

図4 シェルピンスキーの三角形

いきなりこの複雑な形を描こうと思うと途方に暮れてしまいます。この図を見て、規則性を見出してみましょう。フラクタル図形というのは、自己相似図形、つまりサイズの違う同じ図形を繰り返し描いていくことで作ることができます。

　この図で繰り返し現れるのは正三角形です。まずは単純に1つだけ正三角形を描いてみます。では、新しいプロジェクトを開きましょう。ネコのスプライトはそのまま使い、次のようなプログラムを作ります（**図5**）。拡張機能の「ペン」のブロックを使います。

図5　正三角形を描くコード

　プログラムの開始時、画面左下 (x:-200, y:-170) の位置に、右を向いた状態（90度に向ける）でネコを配置しています。これから繰り返しプログラムを実行するので、最初に「消す」ブロックで以前に描いた線を消した後、「ペンを下ろす」でペンを下ろしています。そして、400歩動いて、120度回転するということを3回繰り返します。すると、以下のように正三角形を描くことができます。これが一番外側の正三角形となります（**図6**）。

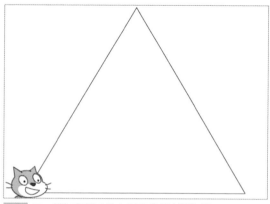

図6　コードを実行すると正三角形が描ける

Introduction

Chapter 1

Chapter 2

Chapter 3

Chapter 4

Chapter 5

Chapter 6

Special

Appendix

　次に、一段階小さな正三角形を描くことを考えます。最初の完成形を眺めると、次に小さな正三角形は3つあることがわかります（**図7**）。

図7　外側の正三角形の中には小さな正三角形が3つある

　一番大きな正三角形の1辺を描いたあとに、サイズを半分にした正三角形を描きます。これを3回繰り返してみましょう（**図8**）。

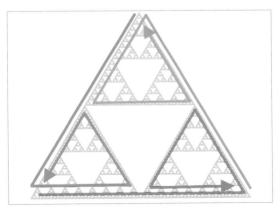

図8　正三角形の1辺を描いたあとに、サイズを半分にした正三角形を描いていく

　この手順をプログラムにして（次ページの**図9**）、実行してみます（次ページの**図10**）。

図9 サイズを半分にした正三角形を
3回描くコード

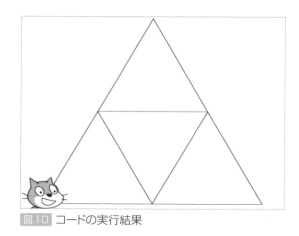

図10 コードの実行結果

　プログラムの規則性が見えてきたでしょうか？「3回繰り返す」の中にまた「3回繰り返す」があります。ただし、内側の3回繰り返す部分の中では、「○歩動かす」の歩数は1つ前の「○歩動かす」の歩数の半分になっています。

　続いて、繰り返しを3階層にして（**図11**）、実行してみます（**図12**）。

図11 繰り返しを3階層にしたコード

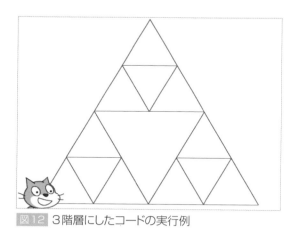

図12 3階層にしたコードの実行例

Introduction

Chapter 1

Chapter 2

Chapter 3

Chapter 4

Chapter 5

Chapter 6

Special

Appendix

もう一段階小さな正三角形が、3×3で9個描かれました。どうやらうまくいきそうです。

この手順を8回まで繰り返してみたのが以下のプログラム（**図13**）で、これを実行した結果が**図14**です。

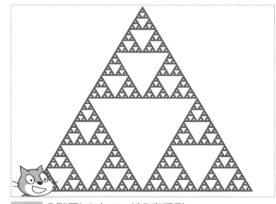

図14 8階層にしたコードの実行例

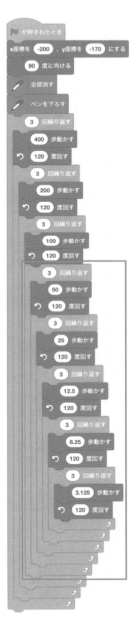

図13 繰り返しを8階層にしたコード

　サイズを半分ずつにしながら、正三角形を描くことを繰り返すことで、シェルピンスキーの三角形を描くことができました。

　さて、うまく目的の図形を描くことはできましたが、プログラムの長さは随分と長くなってしまいました。よく見ると繰り返しの部分が多く、もう少しうまく書きたいものです。

　「3回繰り返す」「○歩動かす」「120度回す」のブロックのグループが繰り返し現れるので、この部分をまとめた新しいブロックを作ってみましょう。

　「ブロック定義」カテゴリーで「ブロックを作る」をクリックして、以下の「辺の長さが『長さ』の正三角形を描く」ブロックを作ります（**図15**）。

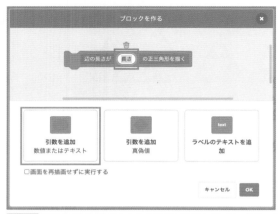

図15 「辺の長さが『長さ』の正三角形を描く」ブロックを作る

　「引数を追加」（数値またはテキスト）をクリックして、「長さ」という名前の引数を追加しています。ブロックの定義を次のように作ります（**図16**）。

図16 ブロックの定義

Introduction

Chapter 1

Chapter 2

Chapter 3

Chapter 4

Chapter 5

Chapter 6

Special

Appendix

　こうして定義した「辺の長さが『長さ』の正三角形を描く」ブロックを使うと、第2段階の正三角形を描くプログラムは、以下のように書き直すことができます（**図17**）。

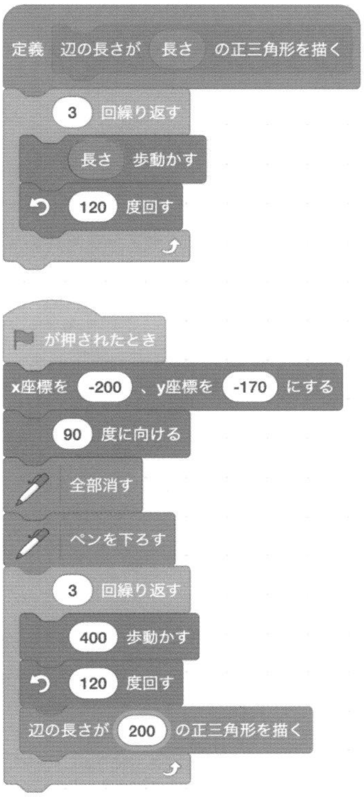

図17　第2段階の正三角形を描くコード

　一番外側の「3回繰り返す」のブロックとその中身も「辺の長さが『長さ』の正三角形を描く」ブロックと入れ替えたいところです。その場合、定義の中でもう一度「辺の長さが『長さ』の正三角形を描く」を使うことになります。ただし、辺の長さは外側の正三角形の辺の長さの半分ずつになっていくので、定義の中では「長さ」を「長さ /2」に変えて、「辺の長さが『長さ /2』の正三角形を描く」を呼ぶようにします。

　このようにある処理の中で、さらにもう一度自分自身を呼ぶような処理を「再帰」と言います（次ページの**図18**）。

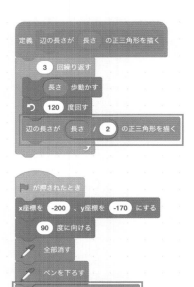

図18 再帰を利用したコード

さっそくプログラムを実行してみましょう（**図19**）。

図19 再帰を利用したコードの実行結果

　おや、小さな正三角形を作り始めて、さらに小さな正三角形を作り始めてしまいました。これを永遠に繰り返すようになってしまい、プログラムが終わらなくなってしまいました。

　長さ400の正三角形を描き始め、一辺を描いたあとに、長さ200の正三角形を描き始めています。その途中で、今度は長さ100の正三角形を描き始め、さらにその途中で長さ50の正三角形を描き始めています。このように永遠に長さが半分ずつの正三角形を描くようになってしまったために、終わらなくなってしまったのです。

　プログラムを終了させるには、再帰の処理をどこかで終わらせないといけません。何回まで繰り返すかを指定するための「回数」という引数を新たに定義します。

　ブロックの定義を編集するには、定義ブロックの上で右クリックをした後、「編集」を選びます（**図20**）。

図20　ブロックの定義を編集する

　「引数を追加」（数値またはテキスト）をクリックして引数を追加します。引数の名前は「回数」にします。「ラベルのテキストを追加」をクリックして「回数」の後ろに新しく「回)」というラベルを追加します。また、真ん中のラベルは「の正三角形を描く(残り」に変更します（**図21**）。

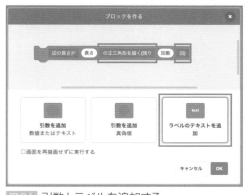

図21　引数とラベルを追加する

「回数」を1ずつ減らしていき、0になったら「このスクリプトを止める」（「制御」カテゴリーの「すべてを止める」の「すべて」を「このスクリプト」に変更）で処理を止めるようにします。長さを半分にすると同時に、回数を1減らして、自分自身を呼ぶようにしました（**図22**）。

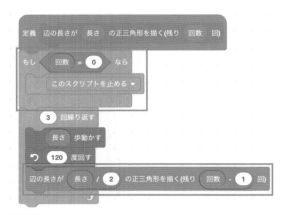

図22 回数が0になったらコード（スクリプト）を止めるようにする

　次のように辺の長さと残り回数を指定して、定義したブロックを呼ぶようにプログラムを変更します（**図23**）。

図23 辺の長さと残り回数を指定して、定義したブロックを呼ぶようにする

　プログラムを実行してみます。今度はきちんと第2段階の正三角形まで描くことができ、プログラムも正常に終了しました（**図24**）。

Introduction

Chapter 1

Chapter 2

Chapter 3

Chapter 4

Chapter 5

Chapter 6

Special

Appendix

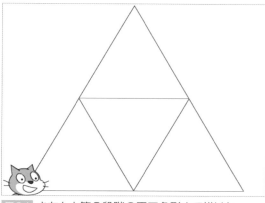

図24 きちんと第2段階の正三角形まで描けた

繰り返し回数を8回にしてプログラムを実行してみましょう（**図25**）。

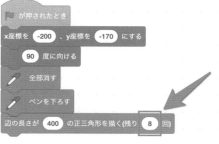

図25 繰り返し回数を8に変更する

111

プログラムが終了するまで時間がかかるので、Shift キーを押しながら緑の旗をクリックするか、メニューの「編集」>「ターボモードにする」を選んで、プログラムを実行しましょう（**図26**）。

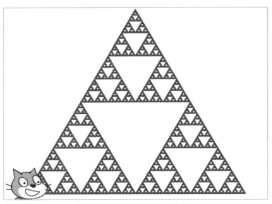

図26 8階層でもきちんと実行できた

最初に作ったものに比べて、プログラムの長さがだいぶ短くなりました。また、繰り返す回数も簡単に変更できるようになりました。

プロジェクトの名前を「シェルピンスキーの三角形」に変更しておきましょう。

他のフラクタル図形を描いてみよう—コッホ曲線

新しくブロックを定義し、再帰を使うという方法で、その他のフラクタル図形も描くことができます。

この章の冒頭に登場した雪の結晶のような図形、コッホ曲線を描いてみましょう。「ファイル」メニューの「新規」を選んで、新しいプロジェクトを開きます。ネコのスプライトはそのまま使います。

コッホ曲線の第1段階は単なる直線です（**図27**）。

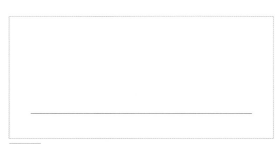

図27 コッホ曲線の第1段階

新しいプロジェクトを開いて次の通りプログラムを作ります。x:-180 y:0 からスタートし、ペンを下ろして360歩進みます（**図28**）。

図28 ペンを下ろして進む第1段階のコード

第2段階では、第1段階の直線の3分の1までの長さの所で方向転換をします。一辺が最初の直線の3分の1の長さの正三角形の盛り上がりを追加します。最後にもとの直線に戻り、正三角形の1辺と同じ長さだけ進んで終わりです（**図29**）。

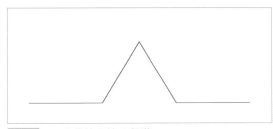

図29 コッホ曲線の第2段階

プログラムは以下の通りです。360歩進むかわりに、120歩進み、反時計回りに60度回転し、120歩進みます。次に時計回りに120度回転し、120歩進んで、反時計回りに60度回転して、最後に120歩進みます（**図30**）。

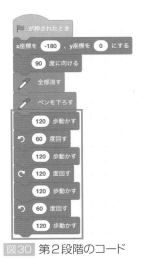

図30 第2段階のコード

第3段階では、第2段階のそれぞれの直線部分に正三角形の盛り上がりをつけます（**図31**）。

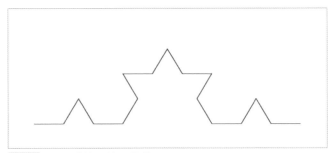

図31 コッホ曲線の第3段階

　つまり、各段階で正三角形の突起をつけるという動作を繰り返し行っています。

　第2段階のプログラムをもとに第3段階のプログラムを作ることを考えます。第3段階の小さな正三角形の1辺の長さは、第2段階の正三角形の1辺の長さの3分の1となります。つまり、120 / 3 で 40歩です。40歩動いて、反時計回りに60度回転、40歩動いて、時計回りに120度回転、40歩動いて、反時計回りに60度回転、40歩動く、が正三角形の突起を作る動作です。これを、各直線を引く動作のたびに行えばよいのです。

　つまり、次のように「120歩動かす」のブロックのそれぞれを、小さな正三角形の突起を作るブロックのグループと置き換えればいいわけです（**図32**）。

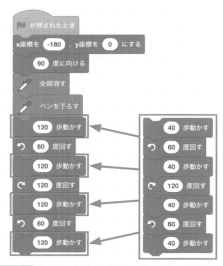

図32 「120歩動かす」のブロックのそれぞれを、小さな正三角形の突起を作るブロックのグループと置き換えればよい

このように同じ動作が何度も繰り返されるときは、新しいブロックを自分で定義して、それを使うようにしましょう。「1辺が『歩数』の長さの正三角形の突起をつくる」というブロックを作ります（**図33**）。

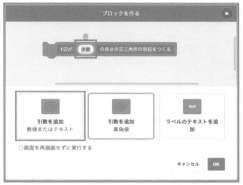

図33 「1辺が『歩数』の長さの正三角形の突起をつくる」というブロックを作る

定義は次のようになります（**図34**）。
このブロックを使って書き直したプログラムが**図35**です。

図34 「1辺が『歩数』の長さの正三角形の突起をつくる」の定義

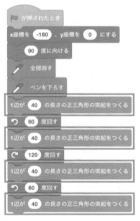

図35 「1辺が『歩数』の長さの正三角形の突起をつくる」を使ったコード

　メインのプログラムと定義の中身とを見比べます。決まった歩数を進んで、反時計回りに60度回転、また決まった歩数進んで……というところが同じ動作であることがわかります。シェルピンスキーの三角形を描いたときと同様に、再帰を使うのがよさそうです。
　再帰を使うときには、再帰の処理をどこで終わらせるかを考えないといけませんでした。何回まで繰り返すかを指定する「回数」という引数を定義します。

「回数」を1ずつ減らしていって、回数が0になったら、突起を作らずに直線を引くだけにします。再帰はそこで終了することになります。

回数を考慮した新しい定義が次です（**図36**、**図37**）。

図36 回数を考慮した新しい定義

定義 1辺が 歩数 の長さの正三角形の突起をつくる(残り 回数 回)

もし 回数 = 1 なら
　　歩数 歩動かす
でなければ
　　1辺が 歩数 / 3 の長さの正三角形の突起をつくる(残り 回数 - 1 回)
　　↺ 60 度回す
　　1辺が 歩数 / 3 の長さの正三角形の突起をつくる(残り 回数 - 1 回)
　　↻ 120 度回す
　　1辺が 歩数 / 3 の長さの正三角形の突起をつくる(残り 回数 - 1 回)
　　↺ 60 度回す
　　1辺が 歩数 / 3 の長さの正三角形の突起をつくる(残り 回数 - 1 回)

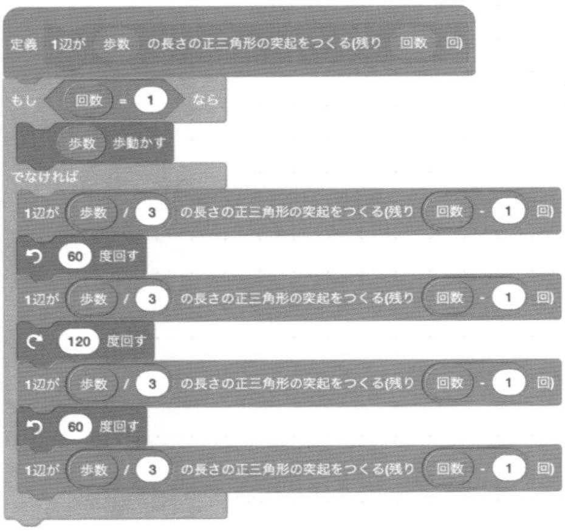

図37 回数を考慮した新しい定義の中身

残り回数が1のときは単に「歩数」の値だけ進みます。そうでないときは、正三角形の突起を作ります。

突起を作るとき、「歩数」の値だけ進む代わりに、「歩数」を3分の1にし、残り回数を1減らした上で自分自身をもう一度呼ぶ再帰処理を行っています。

こうして新しく定義したブロックを、試しに「回数」を3にして呼んでみましょう（**図38**）。このプログラムを実行してみます（**図39**）。

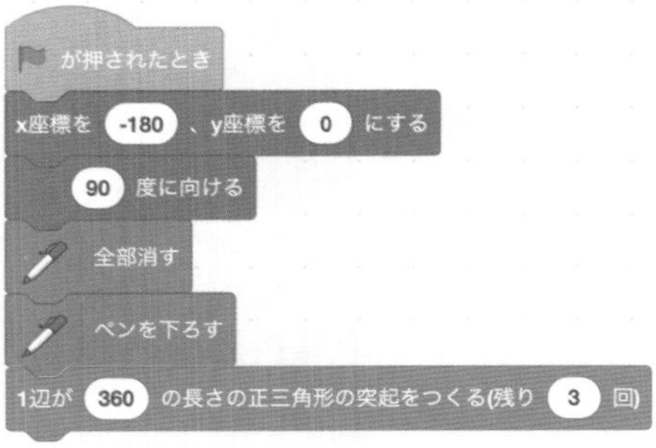

🏳 が押されたとき
x座標を -180 、y座標を 0 にする
90 度に向ける
全部消す
ペンを下ろす
1辺が 360 の長さの正三角形の突起をつくる(残り 3 回)

図38 試しに「回数」を3にしたコード

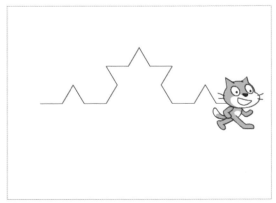

図39 第3段階のコッホ曲線が描ける

Introduction

Chapter 1

Chapter 2

Chapter 3

Chapter 4

Chapter 5

Chapter 6

Special

Appendix

うまく第3段階のコッホ曲線が描けました。それでは、残り回数を6回に増やして実行してみましょう（**図40**）。

図40 残り回数を6回に増やそう

ターボモードで実行しないと結構な時間がかかってしまいます。Shift キーを押しながら緑の旗をクリックするか、メニューの「編集」＞「ターボモードにする」を選んで、プログラムを実行しましょう（**図41**）。

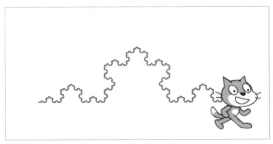

図41 残り回数を6回に増やした実行結果

きれいな雪の結晶のような模様ができあがりました。
プロジェクトの名前を「コッホ曲線」に変更しておきましょう。

クローンを使ってフラクタル図形を描いてみよう―ツリー

　シェルピンスキーの三角形もコッホ曲線も、新しくブロックを定義し、再帰を使って描きました。今度はScratchのクローンの機能を使って別のフラクタル図形を描いてみます。今回はツリー、つまり樹のような図形を描きます（**図42**）。

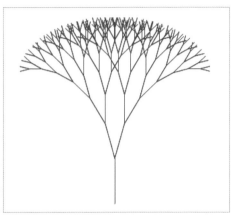

図42 樹のような図形（ツリー）を描いてみよう

　描き方は、今までのフラクタル図形と比べると簡単です。最初は垂直な線を描きます。次の段階で、線は左右に15度ずつ開くようにして2本に分かれます。分かれた線の長さは最初の線より少し短く、もとの線の長さを1としたとき、0.8の長さにします（**図43**）。

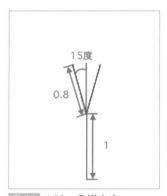

図43 ツリーの描き方

これを次々と繰り返すことで、樹のような形を描くことができます。

では、新しいプロジェクトを開きましょう。

まず、2段階までの樹を描くプログラムを作ってみます（**図44**）。

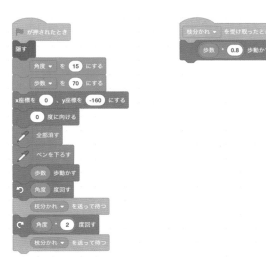

図44　2段階までの樹を描くコード（途中）

角度と歩数は自由に変えられる」ように変数にしています。

「歩数」の変数を作るとき、これから作るクローンの中だけに変数の有効範囲が限定されるように、「このスプライトのみ」の選択肢を選んで作るようにしてください（**図45**）。

図45　変数「歩数」を作る

x:0、y:-160をスタート地点にしてネコを上に向け（0度に向ける）、ペンを下ろします。「歩数」に設定した70歩分だけ動かしたあとに分岐します。

　分岐した後の「歩数」に設定した値の80%（0.8）だけ進むという動きは左右で一緒なので、その部分を別に分けています。「枝分かれ」というメッセージを受け取ったら「歩数」に0.8を掛けた歩数だけ動くようにしています（プログラムの右側）。

　「角度」で設定した15度だけ反時計回りに回転して最初の「枝分かれ」のメッセージを送ります。次に「角度」の値の2倍だけ時計回りに回転して、もう一度「枝分かれ」のメッセージを送ります。

　では、プログラムを実行してみましょう（**図46**）。

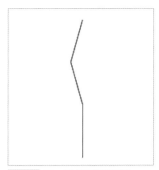

図46 コードの実行結果

　意図した通りに枝分かれをさせることができませんでした。15度反時計回りに回転して、0.8を掛けた歩数分だけ進んだのはよかったのですが、進んだ先から30度時計回りに回転してしまいました。

　このプログラムの書き方だと、分岐した先の処理を別に分けても、上から順番に命令を実行していることには変わりありません。つまり、左に分岐した線を描いた後、分岐した時点に戻ることなく右に分岐する線を描き始めてしまいました。そのため、上図のような線を描いてしまったのです。

　うまく分岐する地点から左と右の両方に枝分かれして線を描くには、「送って待つ」ブロックの代わりに、クローン機能を使います。

　「枝分かれ（メッセージ）を受け取ったとき」の代わりに「クローンされたとき」を使います。また「枝分かれを送って待つ」を「自分自身のクローンを作る」に入れ替えます（**図47**）。プログラムを実行してみましょう（**図48**）。

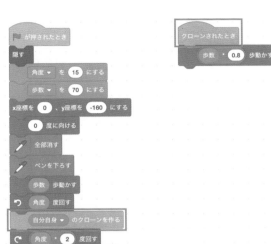

図47 2段階までの樹を描くコード

図48 コードの実行結果

　今度はうまく分岐する枝を描けました。

　反時計回りに「角度」分だけ回転して、最初のクローンを作っていますが、このとき新しく自分自身の分身が生まれたと考えてください。分身は生まれた瞬間、「クローンされたとき」以下につながったブロックの通りの動作を行います。つまり歩数に0.8を掛けた分だけ動くのですが、これはあくまで分身の動作であり、もとのプログラム（左側）の処理は進みません。

　最初のクローンを作ったあとに、今度は角度の2倍分時計回りに回転します。そしてその後、2つ目のクローンを作るのですが、この一連の動作は、左に分岐して進んだ先で行われるのではなく、あくまでももとのスプライトの分岐した地点で行われるため、結果としてうまく左右に分岐してくれます。

　第2段階以降も分岐を続けるように、「クローンされたとき」の中でさらに新たなクローンを作るようにしましょう。

　分岐する処理を、「緑の旗が押されたとき」から「クローンされたとき」に移します（次ページの**図49**）。

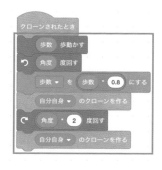

図49 分岐する処理を、「緑の旗が押されたとき」から「クローンされたとき」に移す

　右側の処理で、クローンを新たに作る前に「歩数」を「歩数」x 0.8の値に設定し直しています。「歩数」の変数を作るときに「このスプライトのみ」を選んだことを思い出してください。このおかげで「歩数」の値は、新たに作るクローンに引き継がれ、そのクローンの中にだけ有効範囲が限定されます。

　このプログラムを実行してみましょう（**図50**）。

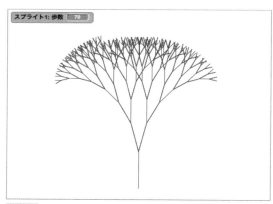

図50 コードの実行結果

　うまくツリーのフラクタル図形を描けているようですが、一番外側の枝分かれが画面左側の途中で止まってしまっているように見えます。

　実は、Scratchでは、クローンは300個までしか作成できないという制限があります。このため、その制限数に達した瞬間にプログラムは終了しています。もしその制限がなかった場合は、クローンは永久に増え続け、プログラムが終わることはなかったでしょう。

122

　シェルピンスキーの三角形を描いたときも、コッホ曲線を描いたときも、「回数」という変数を用意して、再帰が途中で終わるようにプログラムを書きました。今回も途中でプログラムが終了するように、「分岐回数」という変数を用意して、設定した「分岐回数」以上には分岐しないようにしましょう。

　「分岐回数」の変数も「このスプライトのみ」で作成して、1つのクローンの中にだけ有効範囲を限定するようにします（**図51**）。

図51 変数「分岐回数」を作る

　クローンを作る直前に、「分岐回数」を1減らすようにしました。「分岐回数」が0より大きいときだけ分岐処理をするようにしています。「分岐回数」は最初に8に設定しています（**図52**）。

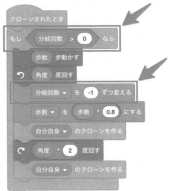

図52 分岐回数を使ったコード

　プログラムを実行してみます。1本目を最初の分岐と数えるので、7回左右に分かれたあとにプログラムは終了しています。均等なツリー状のフラクタル図形を描くことができました（次ページの**図53**）。

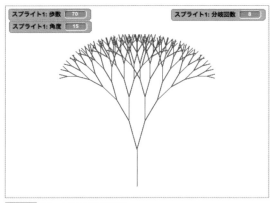

図53 コードの実行結果

　新しくブロックを定義する代わりに、クローンを使うことで、「ツリー」のフラクタル図形を描くことができました。

自然界のツリーとフィボナッチ数列

　この章の冒頭で、フラクタル図形は自然界によく現れると書きました。ツリー状のフラクタル図形も本物の樹のように見えなくもないのですが、あまりに左右均等すぎています。自然界の樹を観察してみると、こんなに左右均等にはなっていません。

　実は、木が成長して枝分かれするとき、栄養は均等に分かれることはなく、栄養がいく方といかない方とに分かれます。栄養がいった方は次の成長期には枝分かれするのですが、栄養がいかなかった方は枝分かれしません。ただし、その次の成長期のときには、枝分かれしなかった方は必ず枝分かれします[注1]（**図54**）。

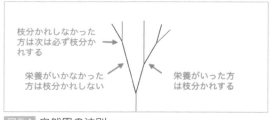

図54 自然界の法則

注1　『子どもも大人もたのしく読める 算数＆数学ビジュアル図鑑』（参考文献を参照）「12 フィボナッチ数列」より。

フラクタル図形を描いてみよう

この法則を取り入れて、ツリー状のフラクタル図形を描いたプログラムを改造してみましょう。

まず栄養のある、なしを表現するために「栄養」という変数を作ります。この変数も「このスプライトのみ」で作成して、クローンに有効範囲が限定されるようにしておきます。「栄養」の値が「あり」のときは栄養がある状態、値が「なし」のときは栄養がない状態です。

第1回目の最初の分岐は必ず起こるので、「栄養」に入っている値は、最初は「あり」です。クローンされたときの処理では、栄養の値によって処理を2つに分けています。栄養が「あり」のときは今までと同じように分岐するのですが、栄養が「なし」の場合は分岐が起こらないまま次のクローンを作成します。プログラムは以下の通りです（**図55**）。

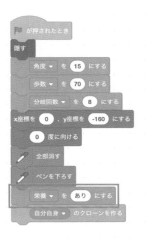
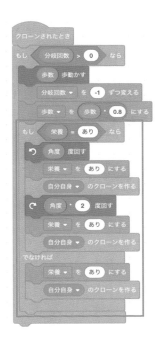

図55 作成したコード

「自分自身」のクローンを作る前には、あらためて「栄養」の値を「あり」にしています。

プログラムを実行してみると、今までと変わらないことがわかります。なぜなら、まだ「栄養」はつねに「あり」の状態だからです。分岐するときにランダムに右か左のどちらかに栄養がいくように、これからプログラムを改造します。

右か左のどちらかに栄養がいくことを表現するため、「左右どちらに栄養がいくか？1は左2は右」という変数を用意します。この変数もクローンの中だけに変数の有効範囲が限定されるように、「このスプライトのみ」の選択肢を選んで作成します。そして、「1から2までの乱数」がセットされるようにします。変数の名前が示す通り、乱数が1なら栄養は左に、2なら右にいくようにします（**図56**）。

図56 「左右どちらに栄養がいくか？1は左2は右」という変数を用意

　栄養が左にいく場合と右にいく場合とで、プログラムを分岐させます。栄養が左の場合は、最初のクローン（左の枝）は「栄養」を「あり」にして作ります。次のクローン（右の枝）は「栄養」を「なし」にして作ります。

　栄養が右の場合は、反対に、最初のクローン（左の枝）は「栄養」を「なし」にして作ります。次のクローン（右の枝）は「栄養」を「あり」にして作ります。

　この部分の処理だけを抜き出すと次のプログラムになります（**図57**）。

図57 栄養が左にいく場合と右にいく場合とで分岐するコード

　栄養がありの状態のときに分岐する処理を、上の処理に入れ替えたプログラムが次です（**図58**）。

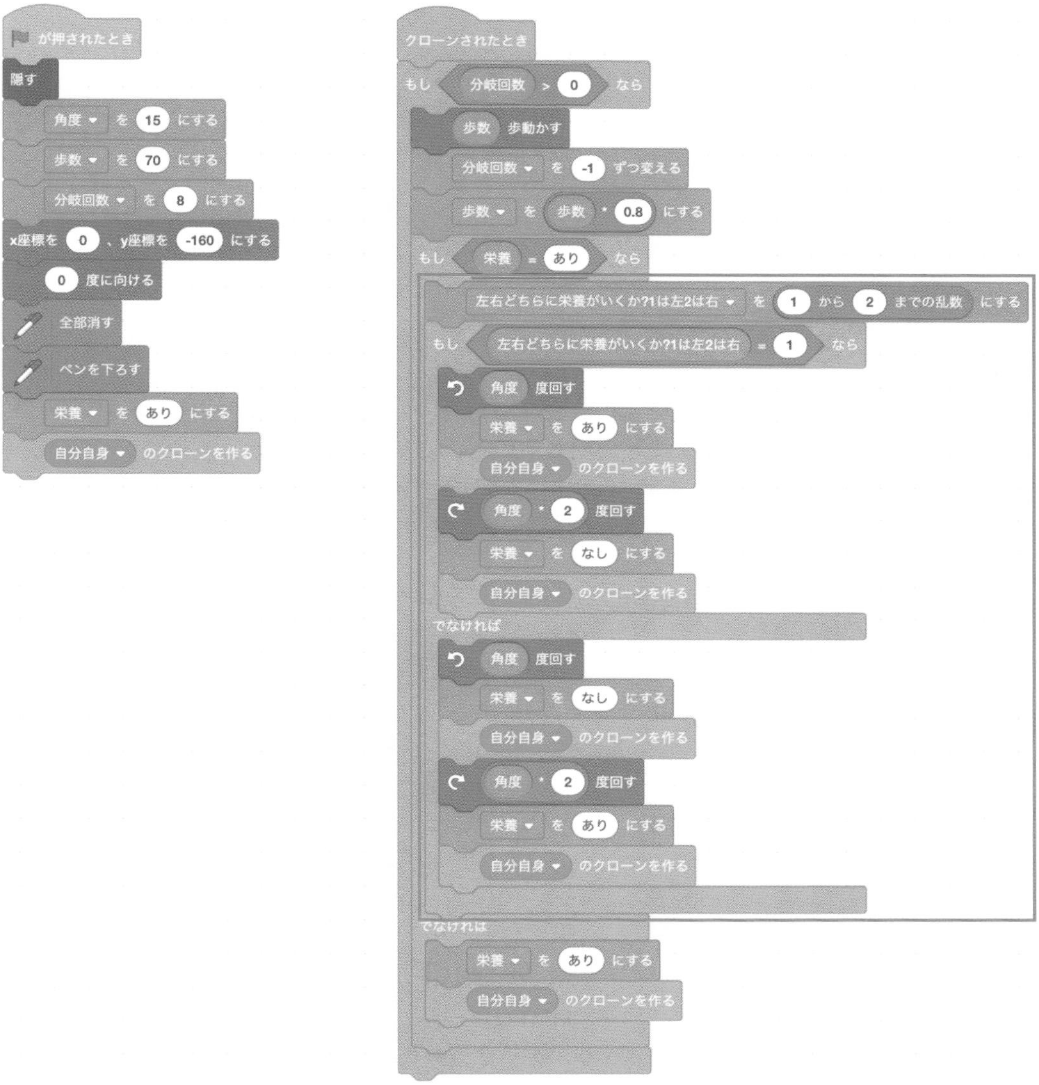

図58 栄養がありの状態のときに分岐する処理を、上の処理に入れ替えたコード

　このプログラムを実行してみます（次ページの**図59**）。

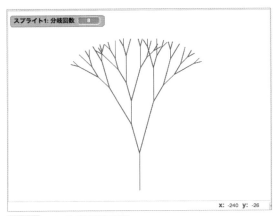

図59 コードの実行結果

左右対称でない形に枝分かれして、より自然界の樹に近づいたのではないでしょうか？
毎回プログラムを実行するたびに形が変わるのも面白いところです。

さて、このようにして作成した樹状の図形の世代ごとの枝の数を数えてみます（**図60**）。

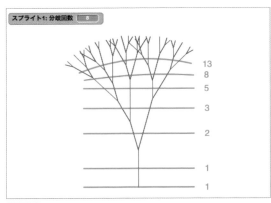

図60 樹状の図形の世代ごとの枝の数

0世代目は1本と数え、1世代目は1本、最初の分岐のあとの2世代目では2本、そのあと
は 3本、5本、8本、13本というように続きます。
これを並べて書いてみると、次のようになります。

1, 1, 2, 3, 5, 8, 13, ……

　このような数列は、イタリアの数学者「フィボナッチ」から名前をとって「フィボナッチ数列」と呼ばれています。各数字は、その1つ前と2つ前の数字を足した数になっているという法則があります。

　1番目と2番目は1として、3番目の数は 1 + 1 = 2、4番目の数は 1 + 2 = 3、5番目の数は 2 + 3 = 5、6番目の数は 3 + 5 = 8、7番目の数は 5 + 8 = 13 という具合です。

　そうすると、次の8番目の数は、8 + 13 = 21 だろうということがわかります。
自然界では花びらの数や、植物の花や実に現れるらせんの数などにもこのフィボナッチ数列が現れることが知られています。

　最後にプロジェクトの名前を「ツリー」に変更して保存しておきましょう。

コッホ曲線をPythonで描いてみよう

コッホ曲線をPython[注2]で描いてみましょう。そのプログラムは以下の通りです（図61）。

```
from turtle import *

def triangle(steps, n):
    if n == 1:
        forward(steps)
    else:
        triangle(steps / 3, n - 1)
        left(60)
        triangle(steps / 3, n - 1)
        right(120)
        triangle(steps / 3, n - 1)
        left(60)
        triangle(steps / 3, n - 1)

speed('fastest')
up()
setx(-400)
down()

triangle(800, 7)
input()
```

図61 コッホ曲線を描くPythonプログラム

最初にturtleという、グラフィックスを描くためのライブラリを読み込んでいます。turtleは英語では「亀」のことです。これはディスプレイ上にカーソルを使って線を描くタートルグラフィックスに由来しています。ディスプレイに表示する前はカメ型の

ロボットを使って描いていたために、この名がついています[注3]。

　タートルグラフィックスは、もともとはLogoという古いプログラミング言語の一部の機能でした。ScratchはLogoから大きく影響を受けているので、図61のプログラムはScratchのプログラムとよく似ていることがわかります。forwardは「○歩動かす」ですし、leftとrightはそれぞれ、左あるいは右に「○度回す」にあたります。命令が似ているのでプログラムの構造もよく似ています。

　実行して描いたコッホ曲線は以下です（図62）。Scratchよりも大きな画面を使うことができるので、Scratchで描いたコッホ曲線よりも一段階細かく描いてみました。

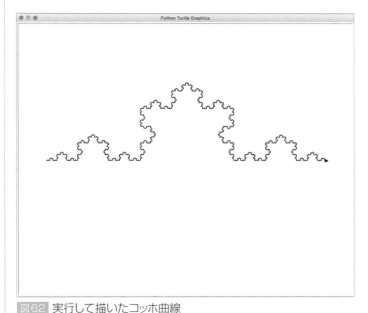

図62　実行して描いたコッホ曲線

注2　このプログラムは、Pythonの2系と3系のいずれでも動作します。
Pythonに関する情報は以下を参照してください。
https://www.python.org
注3　カメ型ロボットは以下のサイトで見ることができます。
http://cyberneticzoo.com/cyberneticanimals/1969-the-logo-turtle-seymour-papert-marvin-minsky-et-al-american/

chapter 5 第5章 コンピューターのキホン、加算器を作ってみよう

　Scratchを使ってコンピューターを作ってみましょう。と言っても、実用的なコンピューターを作ろうというわけではありません。今回作るのはコンピューターの最も基本となる部分、「加算器」です。

　コンピューターは計算機とも呼ばれるように、もともとは大量の計算を高速に行うために発明されたものです。その心臓部は、単純な足し算を行うための「加算器」と呼ばれる部品を組み合わせて作ります。

　加算器は、これから説明する「2進法」で足し算を行うことができる装置です。足し算をするときは、「これとこれを足したものは何ですか？」とこの装置に聞きます。これが入力です。すると、加算器が「答えは○○ですよ」と即座に回答します。これが出力です。入力はスイッチのオン/オフで装置に聞き、出力は電気信号のあり/なしで装置が答えます。

　これだけではわかりにくいので、具体例で見ていきましょう。例えば、2進法で 1 + 0 を計算すると、答えは 01 となります。以下は、Scratchで作った加算器でこの計算を行った例です（**図1**）。

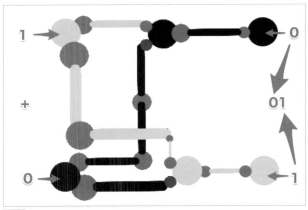

図1 Scratchで作った加算器で1＋0を実行したところ

　左側の上の方の丸いスイッチが1つ目の入力です。黄色い部分はオンの状態を表しています。左側の下の方の丸いスイッチが2つ目の入力です。黒い部分はオフの状態を表しています。これらが 1 + 0 の入力を表しています。

　その結果が右側の出力です。上の黒丸の出力は0を表しています。下の黄色い丸の出力は1を表しています。上から0と1で01という答えを出力しています。

この加算器は全部で、

```
0 + 0
0 + 1
1 + 0
1 + 1
```

という4組の足し算までしかできません。このような加算器のことを半加算器と呼びます。この単純な計算機をたくさん組み合わせれば、コンピューターを作るのも夢ではないということに思いを馳せながら、Scratchでこの加算器を作っていきましょう。

 ## 2進法の足し算の仕組み

　ここで、2進法の足し算について詳しく見てみましょう。

　2進法とは何でしょう？ 2進法のことを説明するために、私たちが普段使っている10進法の数について考えてみます。

　10進法では0から9まで、10個の数字を使います。0から順番に数えていってみましょう。0, 1, 2, 3 …… と順に数えていき、8, 9 と続いた後、10個の数字をすべて使い切ってしまいました。そこで、1と0の2つを並べて10という数を作ります。これを「じゅう」と呼びます。

　今、2以上の数が突然なくなったという架空の世界を考えてみます。この架空の世界で、数を順番に数えていってみましょう。0と1は存在するので、0, 1 と数えます。次に2と言いたいところですが、2以上の数は存在しない世界なので困ってしまいます。そこで、9まで数えた後に10を作ったときと同じように、1と0の2つを並べて10という数を作ります。この架空の世界では、われわれが2と呼んでいる数は10と表します。「じゅう」とは区別するため「いち、ゼロ」と呼びます。

　次の数は、1桁目にはまだ1が使えるので、11（いち、いち）です。さて、その次は、12

と言いたいところですが、2は使えません。そこで、早々と3桁目を使います。3つの数を並べ、100（いち、ゼロ、ゼロ）と呼びます。

数が2個しかないので、2のときに次の桁に「進む」のです。この表現方法を「2進法」と呼んでいます。通常の数え方は10のときに次の桁に「進む」ので「10進法」です。

10までの数をどう表現するのか、10進法の世界と2進法の世界との対応表を作ってみます（**表1**）。

10進法	0	1	2	3	4	5	6	7	8	9	10
2進法	0	1	10	11	100	101	110	111	1000	1001	1010

表1 10進法と2進法の対応表（10まで）

さて、コンピューターはたくさんの加算器でできているという話を最初にしました。その加算器は回路を組み合わせてできています。回路には、電気が流れていない状態と、電気が流れている状態があります。電気が流れていない状態を0、電気が流れている状態を1と呼べば、コンピューターの世界は、0と1しかない架空の世界とそっくりです。0と1しか使えないコンピューターが計算をするときは、2進法を使うと都合がよいのです。

実際のコンピューターは2進法でもかなり大きな数の計算をすることができます。Scratchでこれから作るのは、その基本となる、2進法での2桁の数同士の足し算ができる計算機です。

2進法の2桁の数字同士の足し算の組み合わせの数はそれほど多くはありません。すべて網羅してみましょう。

0 + 0 = 0

これは簡単ですね。10進法の0同士の足し算と結果は同じです。2桁であることがわかるように、次のように書き表します。

00 + 00 = 00

1と0の足し算も、これまた10進法の結果と同じです。

00 + 01 = 01
01 + 00 = 01

では、次の1と1の足し算はどうでしょう。

01 + 01 = ?

Introduction

Chapter 1

Chapter 2

Chapter 3

Chapter 4

Chapter 5

Chapter 6

Special

Appendix

10進法では答えは2ですが、2進法の世界には、2がありません。代わりに 10 と表現するので、以下になります。

`01 + 01 = 10`

もう少し続けましょう。次はどうでしょう？

`10 + 01 = ?`

10進法に書き直すと10 -> 2、01 -> 1 なので、

`2 + 1 = 3`

ですね。3を2進法で表現すると 11 です。つまり、以下になります。

`10 + 01 = 11`

続きはまだあります。

`10 + 10 = ?`

これは、10進法だと 2 + 2 = ? となり結果は 4 で、それを2進法で表すと 100 なので、

`10 + 10 = 100`

となります。ですが、今回は足し合わせる数も結果の数も2桁以内に収まるところまでを作るので、2進法で3桁になる足し算は考えないことにします。

　以上を、2つの入力と、出力は1桁目の結果と2桁目の結果として別々に表にしてみます（表2）。このように入力と出力の関係を1と0だけで表現した表を真理値表と言います。

入力1	入力2	出力（2桁目）	出力（1桁目）
0	0	0	0
0	1	0	1
1	0	0	1
1	1	1	0

表2 加算器の入力と出力の関係

　入力と出力がこのような関係となるように加算器を作っていきます。

コンピューターは、皆さんがご存じのように、電気で動いています。コンピューターはたくさんの回路でできています。回路とは、スイッチ、導線、出力、いくつかの入力に対して1つの信号を出力するゲート（論理ゲート）でできていて、これらが組み合わさって、思い思いの場所に電気が流れるように調節されているのです。

　電気が流れている部分を「オン」の状態、流れていない部分を「オフ」の状態と呼ぶことにします。スイッチを「オン」「オフ」する、というのと同じですね。

　また、本書では今後、表記のしやすさから「オン」の状態を 1、「オフ」の状態を 0 と主に書いていきます。

　ゲートの「オン」と「オフ」の状態を表す言葉にはいくつかあります。書籍や教科書など他の場所で出てくる異なった表現方法にとまどわないように、**表3**にまとめておきます。

電気が流れている状態	電気が流れていない状態
オン	オフ
1	0
ON	OFF
HIGH	LOW
H	L

表3 ゲートの「オン」と「オフ」の状態を表す言葉

　最初の二組（オン / オフと1/0）を本書で使います。ON/OFF はオンとオフの英語表記です。また、電気が流れている状態は電位が高い（HIGH）状態、流れていない状態は電位が低い（LOW）状態ということで、HIGH/LOW あるいは、その略号の H/L で表すこともあります。

　では、回路の最も基本の部分である、入力となるスイッチと導線を Scratch で作ってみましょう。

　メニューから「作る」を選んで、新しいプロジェクトを開きます。最初に登場するネコのスプライトは削除しておきます。スプライト一覧のネコの右上のゴミ箱のアイコンをクリックするか、ネコの上でマウスの右ボタンをクリックし、表示されるメニューから「削除」を選びます（**図2**）。

図2 ネコの右上のゴミ箱のアイコンをクリックするか、右クリックして表示されるメニューから「削除」を選ぶ

まずはスイッチを作ります。12ページ（序章の**図9**）で黒いボールのスプライトを作ったときと同じように作ります。スプライト一覧の右下にある、ネコの顔に＋サインがついたアイコンにカーソルを合わせ、筆の形をした「描く」を選びます。コスチューム画面上で、筆で墨を落とすようにして黒い丸を描きます。筆の太さは60、色は黒（色0、鮮やかさ100、明るさ0）がよいでしょう（**図3**）。

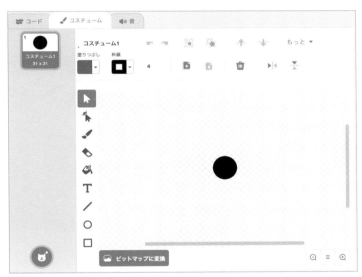

図3 黒い丸を描こう

今作ったコスチュームは、スイッチの「オフ」の状態のコスチュームです。もう1つ、スイッチの「オン」の状態のコスチュームを作ります。コスチュームの上で右クリックして「複製」を選び、別のコスチュームを複製して作ります（次ページの**図4**）。

図4 右クリックして複製を選ぶ

コピーしてできた2つ目の丸を黄色で塗りつぶしします。塗りつぶしの色を黄色（色16、鮮やかさ100、明るさ100）に設定し、バケツの形をしたアイコンを選んだあと、黒色の丸の上でクリックします（図5）。

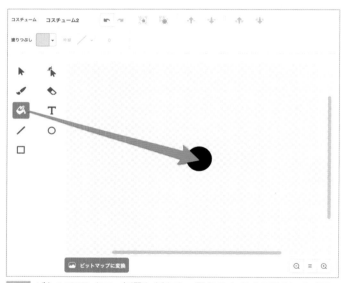

図5 バケツのアイコンを選んだあと、黒色の丸の上でクリックする

すると、黒い丸は塗りつぶされ、黄色い丸になります（図6）。

コンピューターのキホン、加算器を作ってみよう

Introduction

Chapter 1

Chapter 2

Chapter 3

Chapter 4

Chapter 5

Chapter 6

Special

Appendix

図6 黒い丸は塗りつぶされ、黄色い丸になる

　それぞれのコスチュームが何を表しているかがわかるように、コスチュームの名前を変更しておきます。名前を変更したいコスチュームをまず選びます。そして、コスチュームを描いていた部分の左上、名前が表示されている部分を直接編集します。黒い丸は「オフ」、黄色い丸は「オン」に変更しておきましょう（**図7**）。

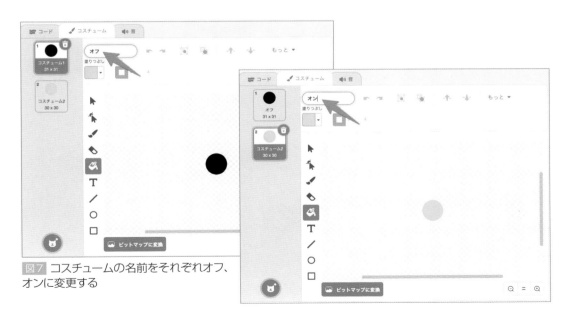

図7 コスチュームの名前をそれぞれオフ、
オンに変更する

スイッチのオンとオフの切り替えは、スイッチのスプライト自体をクリックすることでできるようにしておきます。

「コード」のタブを選んでコードの編集画面を開き、次のようにブロックをつなげます（**図8**）。

スプライトの名前も変更しておきましょう。スプライト一覧で、変更したいスプライトをクリックします（**図9**）。

図9 名前を変更したいスプライトをクリックする

スプライトというラベルの下のテキストフィールドを編集して「スイッチ」という名前に変更しておきます（**図10**）。

図10 スイッチという名前に変更しておく

電気が流れる導線を作る

　次に、導線のスプライトを追加します。再びスプライト一覧の右下から筆のアイコンの「描く」を選び、赤い丸を描きます。塗りつぶしの色は赤色（色0、鮮やかさ100、明るさ100）に設定します。スイッチよりも少し小さめの丸になるよう、筆の太さは40にしてください。（**図11**）。

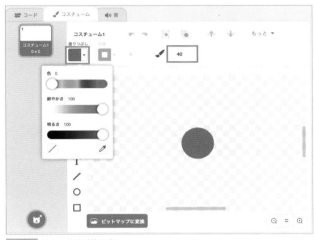

図11　赤い丸を描こう

　赤い丸を描いた後は、「直線」アイコンを選び、丸の右側に黒い直線をつなげます。直線を描くときには、色を黒（色0、鮮やかさ100、明るさ0）、筆の太さを20にします（**図12**）。

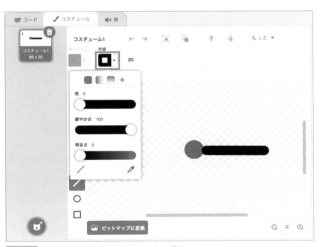

図12　黒い直線を赤い丸につなげる

スイッチと同様、オフとオンの2つのコスチュームを用意するので、コスチュームを複製し、コピーした2つ目の導線の黒い部分を黄色で塗りつぶします。黒い導線は「オフ」、黄色い導線は「オン」と名づけます（**図13**）。

図13　黒い導線は「オフ」、黄色い導線は「オン」と名づけよう

　黒い部分は電気が流れていない状態を表し、黄色い部分は電気が流れている状態です。これ以降、電気が流れているかどうかの判定を、色が黒色か黄色かで判定します。全く同じ色でないと判定はうまくいかないので、いつも同じ黒色と黄色とを選ぶように注意してください。黒は色0、鮮やかさ100、明るさ0、黄色は色16、鮮やかさ100、明るさ100に設定します（**図14**）。

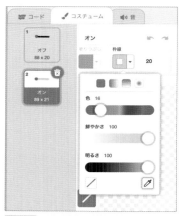

図14　色で判定するので、いつも同じ黒色と黄色とを選ぶように注意しよう

　導線の赤色の部分はスイッチや他の導線と接触する「端子」です。赤色がオン、つまり黄色に触れたら、導線のコスチュームを電気が流れた状態の「オン」に変えるようにします。

そうでないときは、「オフ」です。このような動きをするように導線のコードを以下のように作ります。「もし『赤色が黄色に触れた』なら」のブロックを「ずっと」のブロックで囲み、赤色の端子が電気に触れたら、いつでもコスチュームが切り替わるようにしておきます（**図15**）。

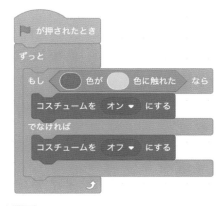

図15　導線のコード

「○色が○色に触れた」のブロックで赤色と黄色の色を設定する方法を説明します。設定したい色の部分をクリックして現れるスライダーを調整して行います。

それぞれのスライダーを調節して、色0、鮮やかさ100、明るさ100に設定すると、赤色になります。

同様に黄色の部分を設定します。黄色は、色16、鮮やかさ100、明るさ100です（**図16**）。

図16　「○色が○色に触れた」の○をクリックしてから、指定したい色に調整する

ここまででスイッチと導線のスプライトができました。それぞれの動作を確認するため、スイッチを導線の端子に接触させ、緑の旗をクリックしてプロジェクトを開始します。

　スイッチをクリックして「オン」と「オフ」を切り替えるたび、導線が「オン」と「オフ」に切り替わって、電気が流れたり、流れなくなることを確認してください（**図17**、**図18**）。

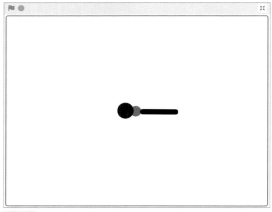

図17 スイッチをオフにすると、電気が流れなくなる

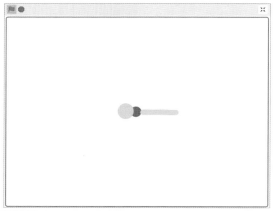

図18 スイッチをオンにすると、電気が流れる

　このあと、ステージ上で他の部品と組み合わせていく際に、導線の向きを簡単に変えられるようにしておくと便利です。導線のコードに、クリックされたとき90度回す、というコードを追加しておきます（**図19**）。

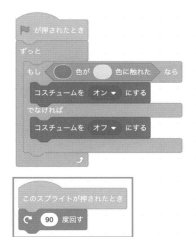

図19　クリックされたとき90度回すコードを追加しておく

スプライトの名前は、「導線」に変更しておきましょう。

出力の部品を作ろう

次に出力を表す部品を作ります。スプライト一覧の右下、筆のアイコンの「描く」を選び、新しいスプライトを用意します。スイッチと同じ大きさの黒い丸（太さ60）に赤い小さな丸（太さ20）を1つだけ左側につけます（**図20**）。

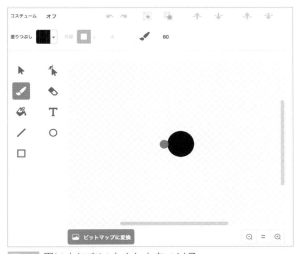

図20　黒い丸に赤い小さな丸をつける

これまでの部品同様、コスチュームを複製し、黒い部分を黄色く塗りつぶしたものを作ります。黒いコスチュームは「オフ」、黄色いコスチュームは「オン」と名づけます（**図21**）。

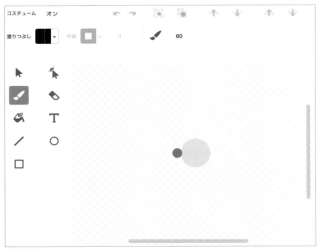

　このスプライトには「出力」という名前をつけます。
　出力の部品の赤い部分は端子です。導線の黒い部分をつなげる場所になります。もし導線に電気が流れ、黄色くなった場合、赤い端子経由でつながった出力にも電気が流れ、黄色くなるようにします。形は違いますが、この動作は「導線」の動きと一緒です。「導線」と同じコードを「出力」にも追加しましょう（**図22**）。

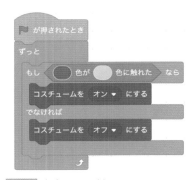

図22 出力のコード

加算器（2桁目）を作ろう

　続いて、スイッチと導線、そしてこれから作る新しい部品を使って、加算器を作っていきます。いきなり全部を作るのは難しいので、細かく分けて、それぞれの部分を作っていきましょう。まずは2桁目の出力部分です。

　135ページの**表2**から2つの入力と2桁目の出力の関係だけを書き出してみます（**表4**）。

入力1	入力2	出力（2桁目）
0	0	0
0	1	0
1	0	0
1	1	1

表4 2つの入力と2桁目の出力の関係

　先に述べた通り、このように入力と出力の関係を1と0だけで表現した表を真理値表と言います。この真理値表の入力の0は、スイッチがオフの状態で、入力の1は、スイッチがオンの状態です。つまりスイッチを2つ用意して、両方ともオフの場合（表の1行目）、出力は0となります。片方がオンでもう片方がオフの場合（表の2行目、3行目）も、出力は0です。両方ともオンの場合（表の4行目）は、出力は1となります。

　2つの入力を受け取って、1つの出力を表示する部品を新しく作ります。そして、その出力が上記の真理値表の通りに表示されるようにするのがゴールです。

　スプライト一覧の右下から「描く」を選び、次のような部品を描きます。

　スイッチを描いたときのように、まず黒い丸（太さ60）を描きます。そのあと、筆の色を赤に切り替え、太さを20にして、左上側に小さめの赤い丸を描きます。さらに、今度は筆の色を青（色64、鮮やかさ100、明るさ100、太さ20）に切り替え、左下側に青い丸を描きます。赤い丸と青い丸は、導線と接触する「端子」です（次ページの**図23**）。

Introduction

Chapter 1

Chapter 2

Chapter 3

Chapter 4

Chapter 5

Chapter 6

Special

Appendix

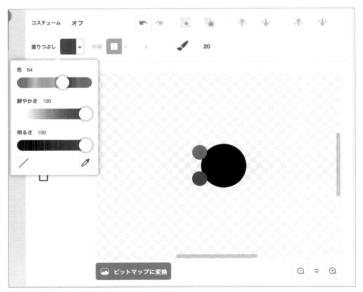

図23 黒い丸と赤青の端子を描く

　このコスチュームには「オフ」という名前をつけ、複製してもう1つ同じコスチュームを作ります。複製した方のコスチュームでは、黒い部分を黄色く塗りつぶします（**図24**、**図25**）。

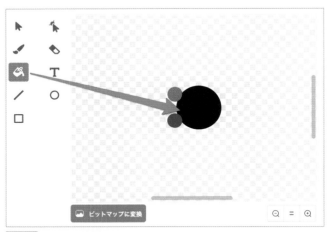

図24 複製してから黄色で塗りつぶそう

図25 黄色く塗りつぶしたところ

黄色く塗りつぶした方のコスチュームには「オン」という名前をつけます（**図26**）。

図26 それぞれ「オフ」「オン」と名づけよう

このスプライトにはあとで正式に名前をつけますが、今は「ゲート」という名前にしておきます。電気的な入力から、ある決まったルールに基づいて出力を行う部品のことを「論理ゲート」というからです。

画面右上のステージで、スイッチ、ゲート、出力を導線で次のようにつなげます（次ページの**図27**）。

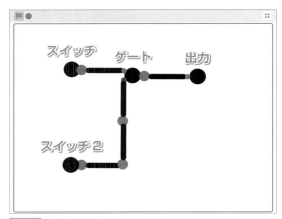

図27 このようにスイッチ、ゲート、出力を導線でつなぐ

　スイッチは2つ、導線は合計5本使っています。スプライトは右クリックして「複製」を選ぶことで、いくつでも複製することができます（**図28**）。

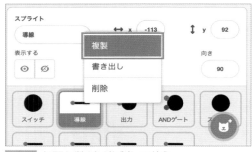

図28 必要な数だけ複製して使う

　導線をクリックすると90度回転するので、これをうまく使いながら、図のようにつなげてください。

　ここでいったん、緑の旗のボタンを押してプログラムの動きを確認しておきましょう。左側のスイッチをクリックしてオンの状態にすると、それとつながる導線も黄色くなることを確認してください。特に左下側のスイッチには3本の導線がつながっており、スイッチをオンにすると、3本とも黄色くなることを確認してください。あたかも電気が流れているような動きをします（**図29**）。

Introduction

Chapter 1

Chapter 2

Chapter 3

Chapter 4

Chapter 5

Chapter 6

Special

Appendix

　黄色くならない場合は、導線の赤い部分が他の導線の黒い部分とうまく重なっていなかったり、あるいはコードが間違っているのかもしれないので、よく確認しましょう。

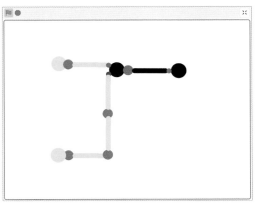

図29 スイッチをオンにすると、スイッチにつながる導線も黄色くなる

　真ん中上側の「ゲート」には、まだコードを追加していないので、黒い状態、つまりオフのままです。ここでもう一度、真理値表を確認しましょう（**表5**）。

入力1	入力2	出力（2桁目）
0	0	0
0	1	0
1	0	0
1	1	1

表5 2つの入力と2桁目の出力の関係（真理値表）

　「ゲート」の赤い端子とつながる左上側のスイッチが「入力1」、青い端子とつながる左下側のスイッチが「入力2」です。入力が0というのはスイッチがオフの状態で、入力が1というのはスイッチがオンの状態です。

　1行目を見ると、両方のスイッチは0、そして出力は0です。出力が0というのは、電気が流れていない状態、つまり黒色のままです。

　2行目を見てみましょう。入力1は0で、入力2は1です。出力は0です。

3行目を見てみましょう。今度は、入力1は1ですが、入力2は0です。このときの出力も0です。

　4行目を見てみましょう。入力1と入力2の両方が1で、このとき出力は1です。つまり電気が流れます。

　このゲートは、2つの入力がオンのときにだけ、電気が流れた状態、つまり黄色くなればいいことがわかります。

　ある状態のときにコスチュームをオンにするということで、「ゲート」のコードは「導線」や「出力」のスプライトと同じような次の形になります（**図30**）。

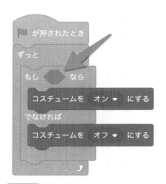

図30 ゲートのコード

　六角形の空いている部分は、「導線」や「出力」の場合は「赤色が黄色に触れた」でした。「ゲート」の場合は、赤い端子と青い端子があり、「両方ともが黄色に触れた時」となります。

　これは、「演算」カテゴリーの「○かつ○」のブロックを使って、「『赤色が黄色に触れた』かつ『青色が黄色に触れた』」と表すことができます。

　「ゲート」のコードは最終的には次のようになります（**図31**）。

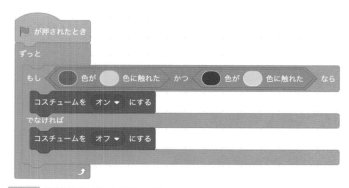

図31 最終的なゲートのコード

Introduction

Chapter 1

Chapter 2

Chapter 3

Chapter 4

Chapter 5

Chapter 6

Special

Appendix

緑の旗をクリックしてプログラムを実行してみましょう。

左側のスイッチを上下2つともオンにしてみます。今度はゲートもオンになり、それに
つながる導線、および出力もオン、つまり黄色になることを確認してください（**図32**）。

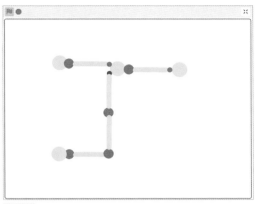

図32 上下のスイッチをオンにすると、出力もオンになる

各スイッチをオンにしたり、オフに切り替えたりして、出力が真理値表の通りに動作する
ことを確認しましょう。

2つの入力が両方とも1、つまり真のときだけオンになるゲートのことを「ANDゲート」
と言います。単に「ゲート」と名づけていたスプライトの名前を「ANDゲート」と変更して
おきましょう。

ANDゲート

「○かつ○」は、英語では「○ AND ○」です。「○かつ○」が真の条件となるゲートの
ことを「ANDゲート」と呼びます（**図33**）。

図33 「○かつ○」は、英語では「○ AND ○」となる

言語を切り替えて実際に確認したければ、画面左上Scratchのロゴの隣の地球の形を
したアイコンをクリックします。「English」を選んで、表示言語を英語に切り替えてみ
ましょう（図34）。

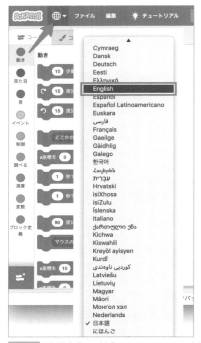

図34 言語を切り替えてEnglishにする

　表示言語を日本語に戻すには、もう一度地球アイコンをクリックして「日本語」を選
び直します。ちなみに、Android/Chrome OS用のScratchアプリには言語切り替えの
アイコンはありません。切り替えるにはOSの言語の設定を変更する必要があります。

加算器（1桁目）を作ろう

　1桁目の計算部分も作って、加算器を完成させましょう。

　まず、1桁目の計算を行うゲートを新たに追加します。「加算器（2桁目）を作ろう」で
作った「ANDゲート」と見た目を同じにします。スプライト一覧で「ANDゲート」のスプ
ライト上で右クリックして「複製」を選び、スプライトを複製します（**図35**）。

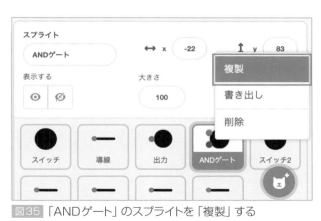

図35 「ANDゲート」のスプライトを「複製」する

　出力も複製して、もう1つ増やします。導線も複製して必要なだけ用意しましょう。以下のようなレイアウトとなるように各スプライトを配置します（**図36**）。

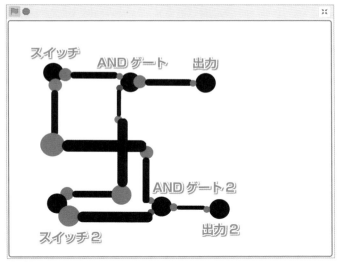

図36 このようにスイッチ、ゲート、出力を導線でつなぐ

　この図では、各部品をうまくつなげられるように、適宜「導線」の大きさを変えています。スプライトの大きさを変えるためには、大きさを変えたいスプライトを選択し、「大きさ」のラベルの下の数を変更します（次ページの**図37**）。

Introduction

Chapter 1

Chapter 2

Chapter 3

Chapter 4

Chapter 5

Chapter 6

Special

Appendix

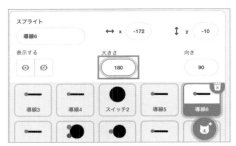
図37 スプライトの「大きさ」を指定する

　緑の旗のボタンをクリックしてプログラムを動作させてみましょう。上下両方のゲートがANDゲートなので、左側の上と下のスイッチを両方オンにすると、下図のように、右側の出力の両方がオンとなります。

　もしそうなっていなければ、どこかで部品同士がちゃんと接続していない可能性があります。確認して、必要なら修正しましょう（**図38**）。

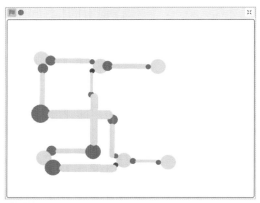
図38 上下のスイッチをオンにすると両方の出力がオンになる

　加算器の1桁目の計算を行うゲートは、どのような動きをすればよいでしょうか？ 135ページの**表2**から今度は2つの入力と1桁目の出力の関係だけを書き出して確認しましょう（**表6**）。

入力1	入力2	出力（1桁目）
O	O	O
O	1	1
1	O	1
1	1	O

表6 2つの入力と1桁目の出力の関係

コンピューターのキホン、加算器を作ってみよう

　1行目を見ると、両方のスイッチは0、そして出力は0です。

　2行目を見てみましょう。入力1は0で、入力2は1です。出力は1になります。

　3行目を見てみましょう。入力1は1で、入力2は0です。このときの出力も1です。

　4行目を見てみましょう。入力1と入力2の両方が1で、出力は0です。

　つまり、入力1と入力2のどちらかが1のときはオンの状態で、それ以外のときはオフの状態になります。このような動きをするように、複製した下側の「ANDゲート2」のコードを変更していきます。

　「入力1と入力2のどちらかがオン」という条件は、「演算」ブロックの「○または○」のブロックで表すことができます。「○かつ○」のブロックを「○または○」と入れ替えます（**図39**）。

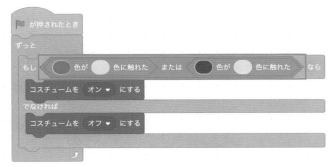

図39　「○かつ○」のブロックを「○または○」と入れ替える

　「緑の旗」ボタンを押してプログラムを動かしてみましょう。左側のスイッチを切り替えながら、下側の出力にだけ注目します。

　スイッチのどちらかがオンのとき、下側の出力はオンになります。これは表の通りです（**図40**）。

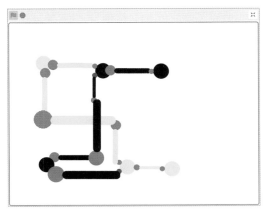

図40　スイッチのどちらかがオンのとき、下側の出力はオンになる

しかし、両方のスイッチをオンにしたとき、真理値表ではオフにならなければいけないところを、下側の出力はオンになってしまいました（**図41**）。

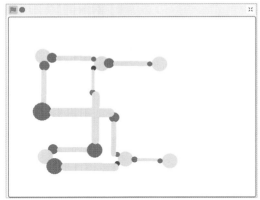

図41 両方のスイッチをオンにすると下側の出力はオンになる

ORゲート

　「○または○」は、英語では「○OR○」です。「○または○」が真の条件となるゲートを「ORゲート」と言います（**図42**）。

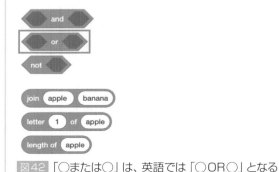

図42 「○または○」は、英語では「○OR○」となる

　両方のスイッチがオンのときは、下側の出力を反対のオフに変更する必要があります。両方のスイッチがオンという条件は「○かつ○」のブロックを使って表すことができました。「もし『赤色が黄色に触れた』または『青色が黄色に触れた』なら」のブロックの内側の「コ

スチュームをオンにする」を外し、代わりに「もし『赤色が黄色に触れた』かつ『青色が黄色に触れた』なら」のブロックを入れます。その場合にコスチュームはオフにし、そうでないときはコスチュームをオンにするようにします。

　結果的にブロックは次のようになります（**図43**）。

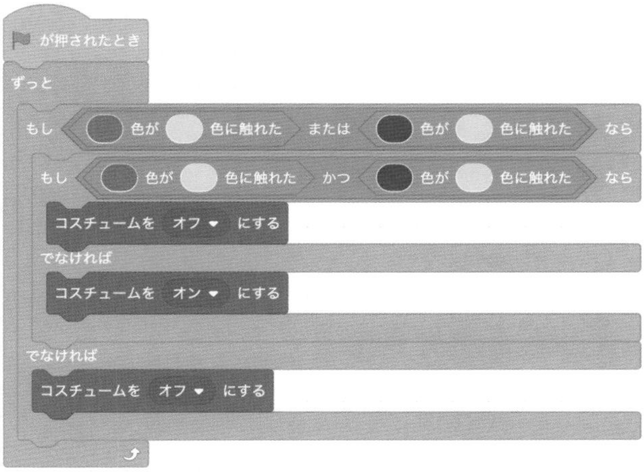

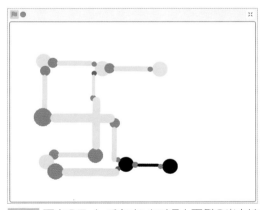

図43　ANDゲート2のコード

　それでは、緑の旗のボタンをクリックしてプログラムを動かしてみましょう。左側のスイッチを両方ともオンにしてみます。今度は、下側の出力はオフになりました（**図44**）。

図44　両方のスイッチをオンにすると下側の出力はオフになる

　1桁目の計算のために作った新しいゲートを「XORゲート」と呼びます。「ANDゲート2」の名前を「XORゲート」に変えておきましょう。

XORゲート

今回はXORゲートをひとつの部品として作りましたが、ANDゲート・ORゲート・NOT
ゲートを組み合わせて作ることもできます。NOTゲートは入力が0のときは1、入力が1
のときは0、というように入力の値と反転した値を出力するゲートです。以下にXORゲー
トをANDゲート・ORゲート・NOTゲートを組み合わせて作った例を示します（図45）。

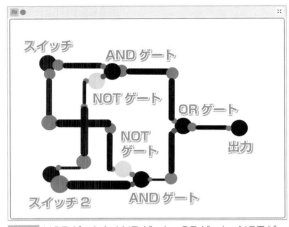

図45 XORゲートをANDゲート・ORゲート・NOTゲートを組み合わせて作った例

以下の**表7**に示した2進法の足し算の通りに装置全体が動くかどうか、入力を順番に切り
替えていって確かめましょう。

入力1	入力2	出力（2桁目）	出力（1桁目）
0	0	0	0
0	1	0	1
1	0	0	1
1	1	1	0

表7 2進法の足し算

この回路は、計算機を作る上での最も基本的な演算回路で、先に述べたように、半加算器
と言います。ANDゲートとXORゲートを組み合わせることで、Scratchで半加算器を作る
ことができました。

Introduction

Chapter 1

Chapter 2

Chapter 3

Chapter 4

Chapter 5

Chapter 6

Special

Appendix

プロジェクトの名前を「半加算器」にしておきましょう（**図46**）。

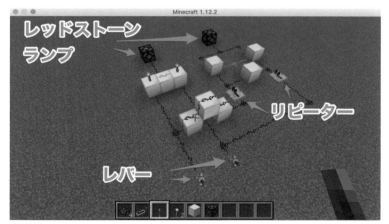

| ☀ チュートリアル | 半加算器 | 共有されたもの |

図46 名前を半加算器にする

　半加算器に桁の繰り上がりを考慮した回路を加えると「全加算器」になります。「全加算
器」をたくさん並べることで、2進法で2桁以上の数の計算ができるようになります。興味
があれば調べてみましょう。

Minecraftで半加算器を作る

　半加算器は、Minecraft[注1]でも作ることができます。Minecraftは、自由にブロックを
配置し、さまざまな建築を楽しむことができるゲームです。
　電気を通すレッドストーンを導線代わりに使い、レバーをスイッチに、レッドストー
ンランプを出力として使い、トーチを組み合わせて使うことで、ANDゲートやXOR
ゲートなどの論理回路を作ることができます（**図47**）。

図47 レッドストーンを用いた論理回路の例

注1　Minecraftに関する情報は以下を参照してください。
　　　https://minecraft.net

　左下のレバーが入力です。手前に倒れていれば0、向こう側に倒れていれば1を表します。画面向こう側のレッドストーンランプが出力です。

　左側がANDゲートで、右側がXORゲートです。2本あるレバーの左側の入力がXOR回路にも流れるように、金ブロックを使って右側レバーの入力をまたぐようにしています。途中、レッドストーンを流れる電気が減衰してしまうので、リピーターで増幅しています。

　金ブロックの裏側にはトーチをつけています。その部分がわかるように裏側から眺めた図も載せておきます（**図48**）。

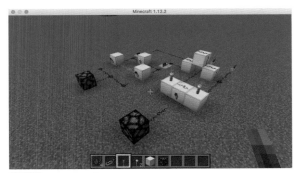

図48　裏側から眺めたところ

　レバーを倒してScratchで作った半加算器と同じ動きをするか試してみます。

　レバーが2つとも手前側、つまり入力が両方とも0のときは、出力の両方ともが0です（**図49**）。

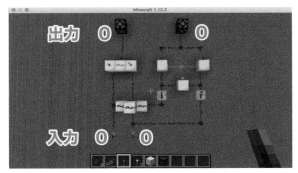

図49　入力が両方とも0のときは、出力の両方ともが0

　レバーの一方だけが1のときは、出力は0と1になります（**図50**、**図51**）

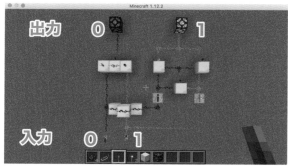

図50 入力の一方だけが1のときは、出力は0と1

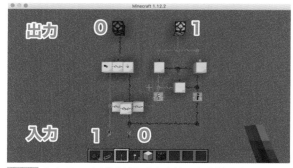

図51 入力の一方だけが1のときは、出力は0と1

そして、入力がどちら側も1のときは、出力は1と0になります（図52）。

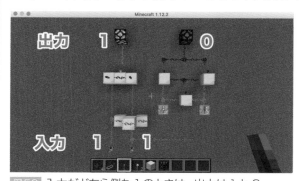

図52 入力がどちら側も1のときは、出力は1と0

　半加算器を作ることができました。これとメモリーのもととなるフリップフロップ回路などと組み合わせればコンピューターを作ることも理論上可能です。実際、Minecraftの世界の中で、レッドストーンやレバーを駆使して、巨大な計算機やゲームを作っている人がいます。興味があれば、インターネット上で探してみてください。

Introduction

Chapter 1

Chapter 2

Chapter 3

Chapter 4

Chapter 5

Chapter 6

Special

Appendix

chapter 6
第6章
レイキャスティングを使って 3D迷路を作ってみよう

　Scratchで作られるゲームの多くは2D（2次元）ですが、昨今のコンシューマーゲームの主流は3D（3次元）です。そのため、Scratchで3Dゲームを作りたい人もいるでしょう。
　プレイヤーの視点と周りの物体との距離を計算し、それらの物体を距離に応じて立体的に見えるように描く方法をレイキャスティングといいます。このレイキャスティングを使って、2Dで描いた迷路を立体的に表現した3Dの迷路を作ってみます（**図1**）。難しそうに聞こえるかもしれませんが、Scratchを使うことで、高校数学で登場する三角関数やベクトルなどを駆使しなくても作ることができます。

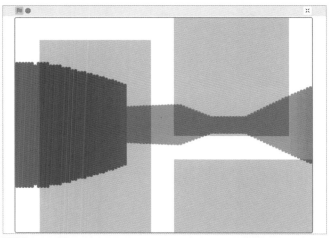

図1 レイキャスティングを使った3D迷路ゲームのイメージ

レイキャスティングの仕組み

　図2の左側は、行き止まりになっている迷路を上から見たものです。赤い丸の場所にプレイヤーが立っているとします。

レイキャスティングのレイ（Ray）は英語で「光線」、キャスティング（casting）は「放射する」という意味です。プレイヤーがいる赤い丸から、プレイヤーが見ている方向に常に光線を放ち続け、光線が一番手前の物体にぶつかったところまでの距離を計測して、その距離に応じて物体を描く——これがレイキャスティングの仕組みです。

自分の周りにあるものをぐるっと見てみましょう。自分に近いものは大きく、遠いものは小さく見えるかと思います。同様にレイキャスティングでも、近くのものは大きく描き、遠くのものは小さく描きます。

図2では、❶の壁の部分は縦に長く描き、❷ → ❸ → ❹と短くなっていきます（❸と❹はほとんど変わりません）。このように描くことで、迷路の壁が立体的に見えるようになるのです。

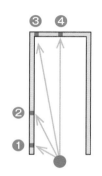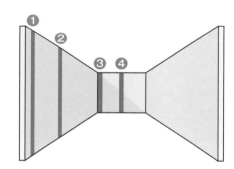

図2 レイキャスティングで迷路の壁を描くときのイメージ

 迷路を用意しよう

新しいプロジェクトを開きます。まずは迷路のマップを用意します。

ネコのスプライトは使わないので削除して、以下のようなマップのスプライトを用意します。黒（色:0、鮮やかさ:100、明るさ:0）で塗りつぶした長方形を並べて、迷路の壁を作ります（次ページの**図3**）。

165

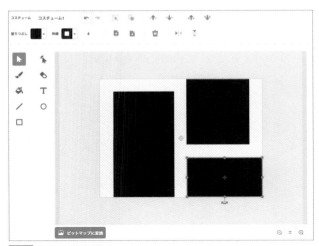

図3 迷路の壁を描く

　スプライトの名前を「迷路」に変えてから、次のコードを用意します（**図4**）。これでプログラムを開始したときに位置がずれないようにしておきます。

図4 開始時に位置がずれないようにする

 プレイヤーを用意する

　次に、プレイヤーのスプライトを用意します。プレイヤーは、カーソル（矢印）キーの左右で視点を動かしたり、上下で前後に移動できたりするようにします。

　「描く」でスプライトを追加し（**図5**）、色を黒（色:0、鮮やかさ:100、明るさ:0）に設定します。画面のズームをなるべく大きくし、サイズが 2 x 2 の正方形を描きます。正方形の中心がコスチュームの中心になるように調整してください（**図6**）。

Introduction

Chapter 1

Chapter 2

Chapter 3

Chapter 4

Chapter 5

Chapter 6

Special

Appendix

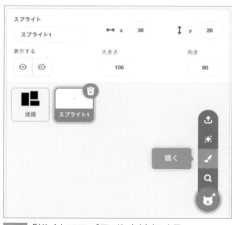

図5 「描く」でスプライトを追加する

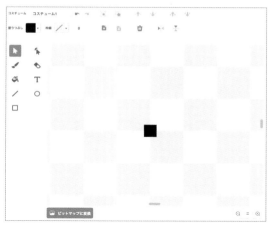

図6 サイズが 2 x 2 の正方形のスプライトを中心に
用意する

　左上のコスチューム画像のサイズが表示されているところを確認し、2 x 2 になってい
ることを確認します（**図7**）。スプライトの名前を「プレイヤー」に変更しておきます。

図7 サイズが 2 x 2 であることを確認する

　コードに次のブロックを記述して、カーソルキーでプレイヤーを動かせるようにします
（次ページの**図8**）。

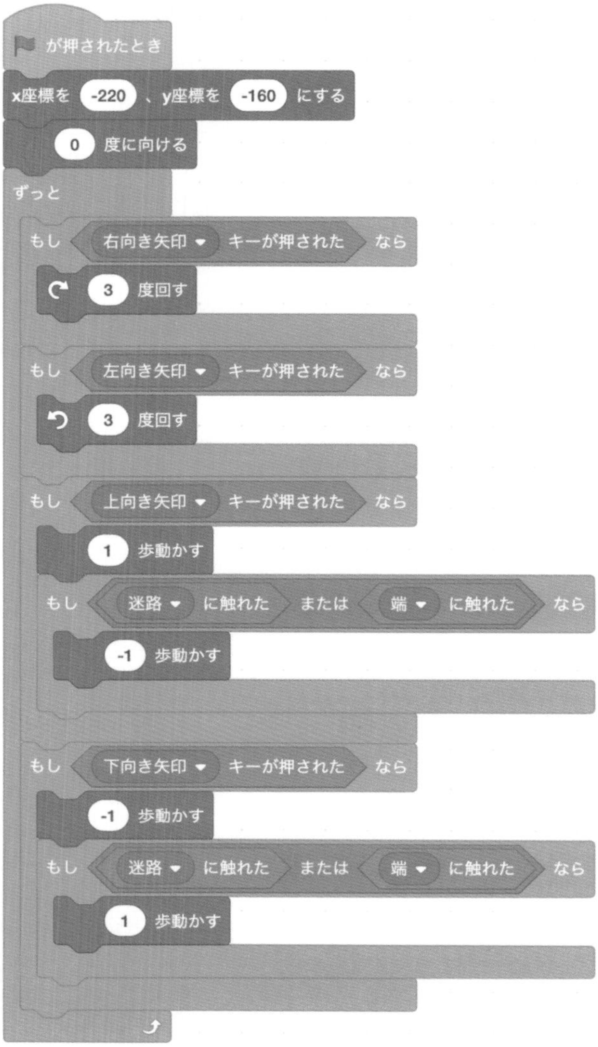

図8 プレイヤーのコード

　ここでは、緑の旗を押したプログラム開始時に、プレイヤーを画面左下端に登場させるように x 座標を -220 に、y 座標を -160 にしています。このときプレイヤーは画面の上を向くよう、「0 度に向ける」のブロックも加えます。

　プレイヤーは、右または左の矢印キーが押されたときには、3度ずつそれぞれの方向に回転するようにしています。

　上または下の矢印キーが押されたときには、向いている方向または逆の方向に、1歩ずつ動くようにしています。ただし、迷路の壁または画面の端に触れたときには、それぞれ逆方向に動いて結果的に動きを打ち消すようにすることで、壁や画面の端にぶつかったときにはそれ以上動かないようにしています。

　緑の旗をクリックしてからプレイヤーを矢印キーで動かし、壁や端にぶつかったときには止まることを確認しましょう。プレイヤーの大きさはとても小さいので、目を凝らさないと画面上では見えないかもしれません。どうしても見えない場合は「見た目」の「大きさを○％にする」ブロックを使って、400％くらいに大きくしてから動かしてください（**図9**）。大きさを変えた場合は、あとで「大きさを100％にする」をクリックして元に戻します。

図9　大きさを変えてプレイヤーを確認する

レイ（光線）のスプライトを追加する

　プレイヤーが動くたびに、視線方向に放射されるレイ（光線）のスプライトを用意します。レイのコスチュームはプレイヤーと同じ 2 x 2 の正方形でよいので、プレイヤーのスプライトの上で右クリックして「複製」を選択します（**図10**）。スプライトの名前を「レイ」に変更します。

図10　プレイヤーを複製する

プレイヤーから複製されてきたコードは使わないのですべて捨ててしまって、新しくコードを書き直します。

　レイはプレイヤーが動くたびに、プレイヤーが向いている方向に放射されるようにし、迷路の壁か端にぶつかるまでの距離を調べます。異なる角度にいくつか放射して、それぞれの距離を保存するようにしたいので、「距離リスト」というリストを「すべてのスプライト用」として作成します（**図11**）。

図11　距離リストを作成する

　距離を調べる処理はひとまとめにしておきたいので、「ブロック定義」から「距離を調べる」というブロックを作ります（**図12**）。

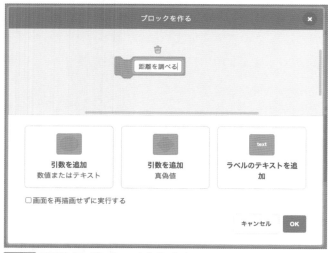

図12　距離を調べるブロックを作成する

レイキャスティングを使って3D迷路を作ってみよう

　「距離を調べる」の定義には、次のようにブロックをつなげます（**図13**）。ここでは、「距離」と「角度」という変数を使うので、あらかじめ「すべてのスプライト用」で作成しておきます。

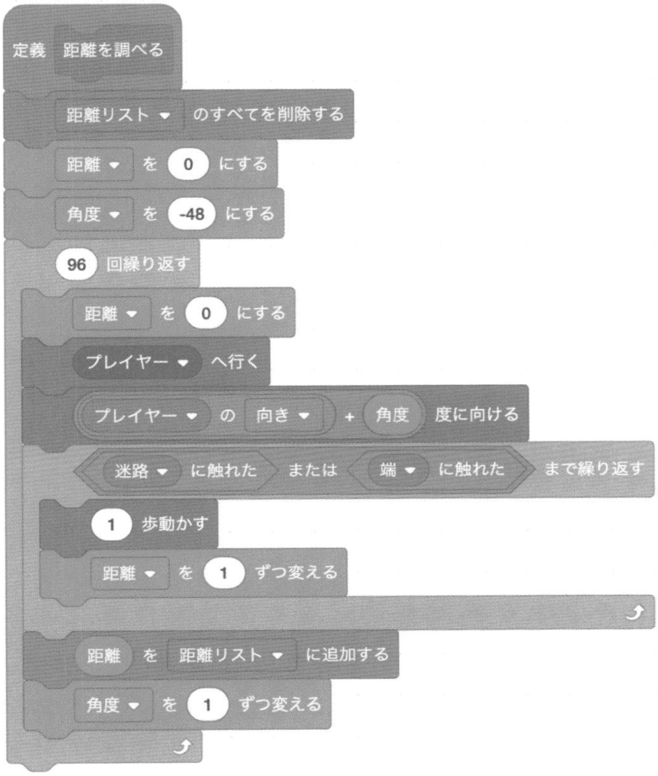

図13　距離を調べるコード

　中ほどの「プレイヤーの向き」ブロックは、「調べる」にある「ステージの背景#」ブロックを選び（**図14**）、左側のプルダウンメニューから「プレイヤー」を選べば、右側のプルダウンメニューから「向き」を選べるようになって作ることができます。

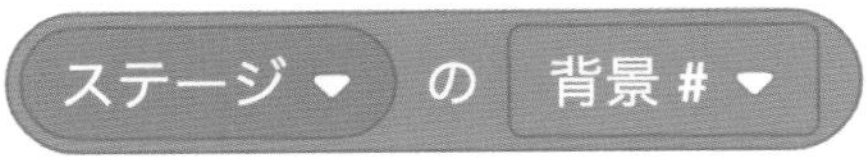

図14　左側で「プレイヤー」、右側で「向き」を選ぶ

ここでは、最初に「距離リスト」を空にし、「距離」を0にしています。後半で説明するように、迷路の壁は太さ5のペンで描いた縦線を横につなげて描きます。ステージの横の長さは480ピクセルあるので、480 / 5 = 96 で合計96個の縦線で描きます。この分だけレイを放射するので、左に48度にずれた角度から右に48度ずれた角度に向けて順に放射していきます。そこで最初にレイを放射する角度は、プレイヤーが向いている角度に −48 を足す、つまり左に 48 度ずれた角度に向けています（**図15**）。

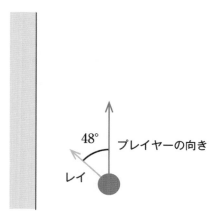

48°　プレイヤーの向き

レイ

図15 プレイヤーの向きから48度ずれた角度にレイを発射する

　次に、レイを放射して壁または端にぶつかるまで1歩ずつ動かし、ぶつかったら「距離」を「距離リスト」に追加します（**図16**）。レイが放射された角度での障害物までの距離を計測しているのです。

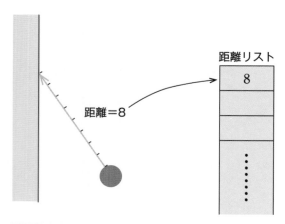

距離リスト

8

距離＝8

図16 壁または端にぶつかったら「距離」を「距離リスト」に追加する

レイの放射する角度を1度ずつずらし、これを96回繰り返すことで、「距離リスト」にプレイヤーが向いている方向の左48度から右48度までの障害物の距離がそろいます（**図17**）。

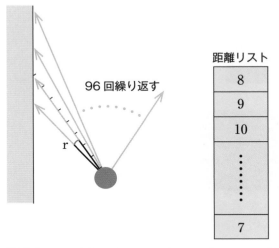

図17 レイの放射する角度を1度ずつずらして96回繰り返す

「レイ」のコードがうまく動いているかどうか、「緑の旗」ボタンを押してプログラムを実行してみましょう。

「距離を調べる」処理はまだ定義だけしかしていないので、「距離を調べる」ブロックをクリックして実行してみましょう（**図18**）。

図18 距離を調べる

プレイヤーの点から、レイの点がつぎつぎ放たれて、距離リストに障害物までの距離が追加されていればうまく動いています（次ページの**図19**）。

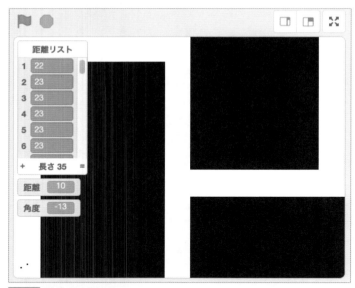

図19 動作中の画面

　レイを放射して距離を調べる処理は、プレイヤーが動くたびに行い、そのつど距離リストを更新する必要があります。「プレイヤー」から「レイ」のスプライトに対してメッセージを送ることでこれを実現します。

　「プレイヤー」のスプライトを選択し、上下左右の各矢印キーが押されたときに「『レイを放射する』を送って待つ」ようにブロックをつなげます。「送る」でなく「送って待つ」ブロックを使うことで、受け取った側の「レイを放射する」が完全に終わってから次の処理に移ります。また、プログラム開始直後にもこの処理が行われるように、「緑の旗が押されたとき」のブロックのあと、「0度に向ける」のあとにもつなげます（図20）。

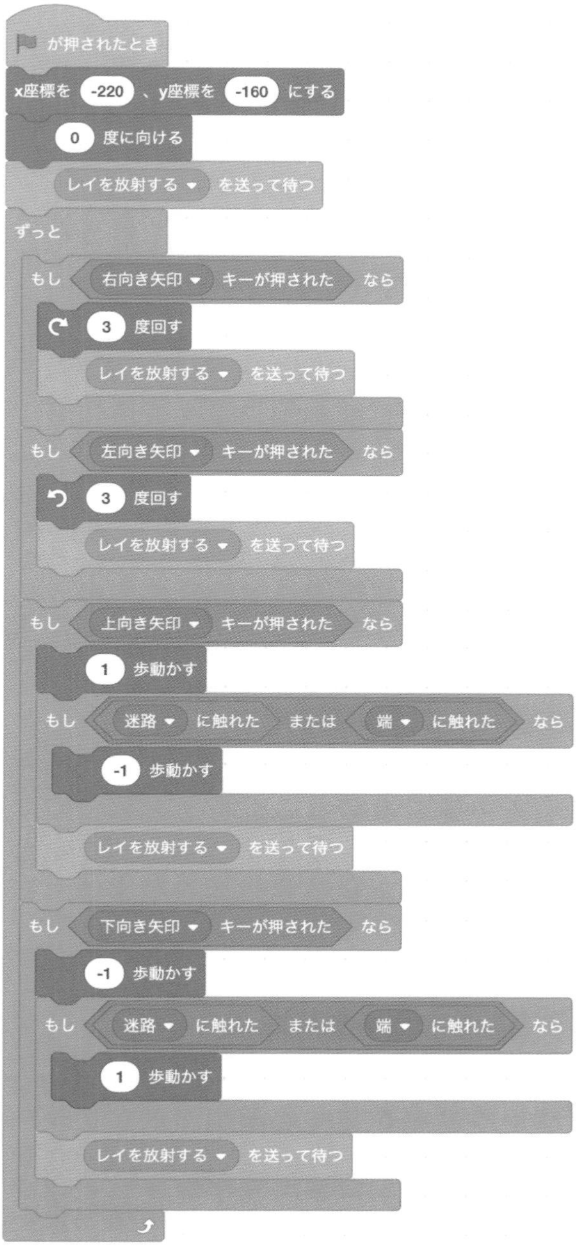

図20 メッセージを送る処理を加えたコード

175

「レイ」のスプライトを選び直し、次のコードを追加して、「レイを放射する」を受け取ったときに、「距離を調べる」を実行するようにします（**図21**）。

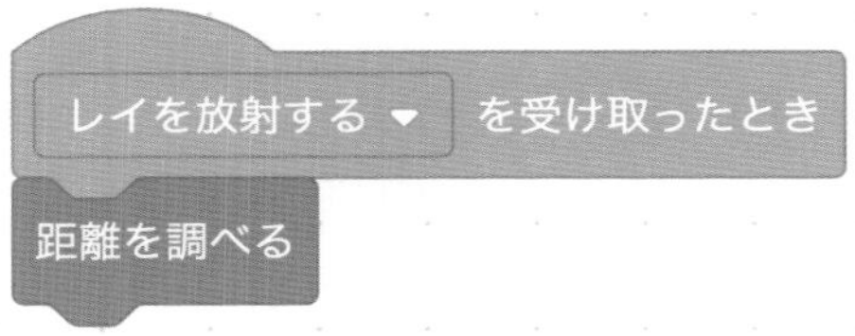

図21 メッセージを受け取ったときのコード

処理の流れとしてはこれで正しいのですが、距離を調べるときにレイを96回も放射するので、この処理が終わるまで非常に時間がかかってしまいます。そこで、「距離を調べる」の定義ブロックを右クリックし「編集」を選び、「画面を再描画せずに実行する」のチェックボックスにチェックを入れます（**図22a**、**図22b**）。

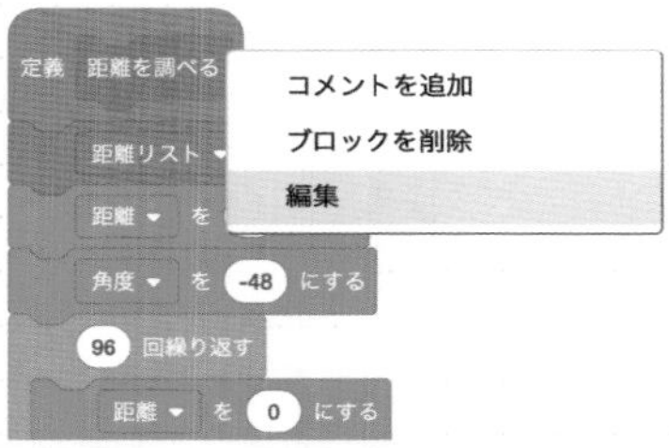

図22a 右クリックして「編集」を選ぶ

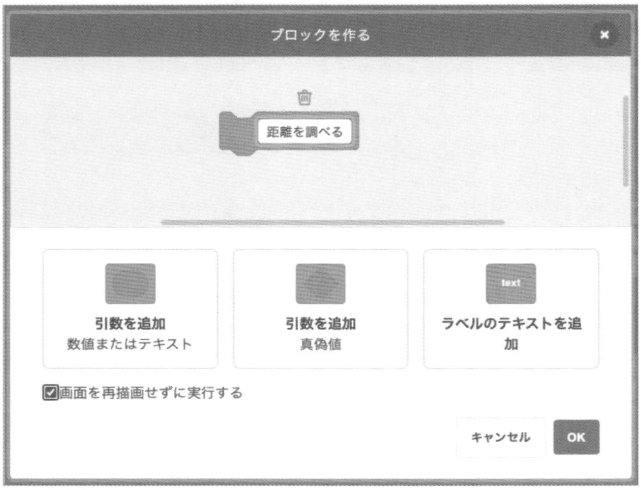

図22b 「画面を再描画せずに実行する」にチェックを入れる

こうすることで、レイを放射し続けている様子を画面に反映せず一気に実行してしまうので、距離を調べる処理は一瞬で終わります。

「レイ」は距離を計測するために使うので、表示する必要はありません。次のコードを追加して、表示しないようにします。「見た目」の「隠す」ブロックで隠してしまうと当たり判定もなくなってしまって「迷路に触れた」ブロックが反応しなくなってしまうので、「幽霊

の効果を 100 にする」ブロックを使います（**図23**）。

図23 レイを表示しないようにする

迷路の壁を描く

　いよいよ迷路の壁を描きます。「スプライトを選ぶ」の上にカーソルを持っていき、表示される選択肢の中から筆の形をした「描く」を選んで、スプライトを追加します（**図24a**）。スプライトの名前を「壁」に変更します。

　壁を描くために「ペン」の拡張機能を使うので、コード画面左下にあるブロックとプラスサインの「機能拡張の追加」アイコンをクリックし、「ペン」の拡張機能を選んで追加します（**図24b**）。

図24a 「描く」を選ぶ　　図24b 「ペン」の拡張機能を追加する

　続いて、壁を描く処理を作ります。ここでは、ペンの色は茶色（色：8、鮮やかさ：100、明るさ：50）にしていますが、好きな色に設定して構いません。新たに「壁の列」という変数を「すべてのスプライト用」で追加しています。「壁を描く」のブロックを定義するときは、「距離を調べる」のブロックと同様に、「画面を再描画せずに実行する」のチェックボックスにチェックを入れます（次ページの**図25**）。壁を描くコードを次に示します（次ページの**図26**）。

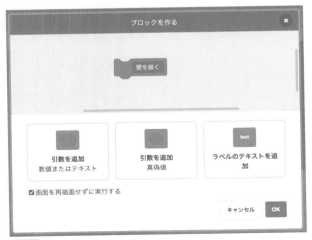

図25 「壁を描く」ブロックを定義する

レイキャスティングを使って3D迷路を作ってみよう

図26 壁を描くコード

定義 壁を描く

x座標を -237.5 、y座標を 180 にする

ペンの太さを 5 にする

ペンの色を ⬤ にする

全部消す

ペンを上げる

壁の列 ▾ を 1 にする

距離リスト ▾ の長さ 回繰り返す

　ペンの 明るさ ▾ を 50 + 距離リスト ▾ の 壁の列 番目 にする

　y座標を -2400 / 距離リスト ▾ の 壁の列 番目 にする

　ペンを下ろす

　y座標を 2400 / 距離リスト ▾ の 壁の列 番目 にする

　ペンを上げる

　x座標を 5 ずつ変える

　壁の列 ▾ を 1 ずつ変える

178

Introduction

Chapter 1

Chapter 2

Chapter 3

Chapter 4

Chapter 5

Chapter 6

Special

Appendix

　画面を横に96列に割り、太さ5の縦線を左から順番に描いています。縦線の長さは、プレイヤーからの距離に応じて、近ければ長く、遠ければ短くなるように始点の y 座標は −2400 /（プレイヤーと壁の距離）、終点の y 座標は 2400 /（プレイヤーと壁の距離）としています。これによりプレイヤーと壁の距離と壁の長さは反比例します。例えばプレイヤーと壁の距離が 100 の場合は −24 から 24 で長さが 48 の壁が描かれますが、2倍離れてプレイヤーと壁の距離が 200 になると、−12 から 12 で長さが 24 と、最初の半分（1/2）の長さの壁が描かれます。また壁の明るさも距離に応じて変えるようにしていて、近ければ明るさを弱くし、遠ければ明るさを強くして淡く見えるような効果も与えています。

　次の図は、迷路の行き止まりに向かって立ったプレイヤーから見える壁が、どのように、ステージ上に描かれるかを示しています（**図27**）。

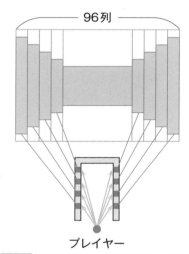

96列

プレイヤー

図27 迷路の行き止まりに向かって立ったプレイヤーから見える壁の描画（青い部分）

　壁を描く処理は、レイを放射して距離を調べたあとに実行します。そのため、「レイ」のスプライトを選択してから、「レイを放射する」を受け取ったあとの「距離を調べる」のブロックの後ろに、「『壁を描く』を送って待つ」ブロックをつなげます（次ページの**図28a**）。「送る」でなく「送って待つ」ブロックを使うと、受け取った側の処理が完全に終わってから次に進むことができます。

再び「壁」のスプライトを選び、「壁を描く　を受け取ったとき」のブロックのあとに「壁を
描く」ブロックをつなげます（**図28b**）。これにより、「距離を調べる」のあと、「壁を描く」が
完全に終了するのを待ってから、つぎの縦線の「距離を調べる」処理に移ることになります。

図28a　レイのスプライトに追加するコード　　　図28b　壁のスプライトに追加するコード

　これによって、各スプライト間で次のようなメッセージのやり取りが行われます。
「プレイヤー」が動き終わると「レイを放射する」のメッセージが送られ、そのメッセージを
受け取った「レイ」のスプライトで距離を調べる処理が始まります。それが終わると今度は
「壁を描く」のメッセージが送られ、そのメッセージを受け取った「壁」のスプライトで壁を
描く処理が実行されます。プレイヤーが動くたびに描く迷路の壁が重ならないように、「全
部消す」ブロックで毎回描いた線を消しています。
　以上で迷路の壁を描くスプライトが完成しました。

　上から見た迷路の全体図はもう表示する必要はありません。
　「迷路」のスプライトを選択し、次のように「幽霊の効果を100にする」ブロックを「緑の
旗が押されたとき」のブロックにつなげます（**図29**）。これにより、プログラムが開始され
たときに、迷路の全体図が表示されません。

図29　迷路のスプライトに追加するコード

Introduction

Chapter 1

Chapter 2

Chapter 3

Chapter 4

Chapter 5

Chapter 6

Special

Appendix

また、プレイヤーのスプライトも表示する必要はありません。

「プレイヤー」のスプライトを選択し、以下のように「幽霊の効果を100にする」ブロックを「緑の旗が押されたとき」のブロックの近くにある、「レイを放射する　を送って待つ」につなげておきます（**図30**）。

図30 プレイヤーのスプライトを変更する

緑の旗をクリックしてプログラムを動かしてみましょう。

次のように、左右に奥まで続く壁が描かれます（**図31**）。

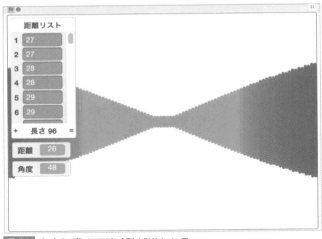

図31 左右に奥まで続く壁が描かれる

上下左右の矢印でプレイヤーを動かしてみましょう。曲がり角まで進んでみると、次のように通路が曲がっている様子が3Dで描かれます（次ページの**図32**）。

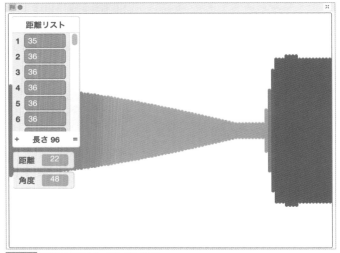

図32 通路が曲がっている様子

　3Dだけの画面だと自分がどこにいるのかまったくわからず、次の操作に困ってしまう場合があります。そこで、特定のキーを押したら、迷路を短時間だけうすく表示するようにしましょう。

　「迷路」のスプライトを選び、次のコードを追加します（**図33**）。これで、スペースキーを押すと、3秒間だけ迷路をうすく表示します。幽霊の効果を80にすることによって、透明度を加えて表示するのです。幽霊の効果は100で完全に透明になります。

　「プレイヤー」のスプライトにも同様に次のコードを追加して、スペースキーが押されたときに3秒間だけ薄く表示します（**図34**）。

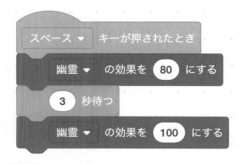

図33 迷路のスプライトに追加するコード

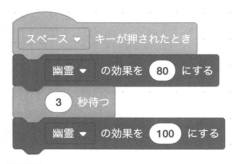

図34 プレイヤーのスプライトに追加するコード

レイキャスティングを使って3D迷路を作ってみよう

スペースキーを押すと、迷路の全体が薄く表示されるようになりました（**図35**）。

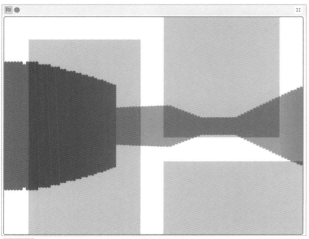

図35 迷路全体がうすく表示される

　これでひとまず完成です。プロジェクトの名前を「3D迷路」に変更しておきましょう。迷路の中に登場する敵キャラクターを用意したり、あるいはプレイヤーを待ち受ける罠やさまざまな仕掛けを配置したりしてみると、面白いゲームが作れるかもしれません。ぜひ、挑戦してみてください[注1]。

注1　このような3D迷路ゲームは、コンピューターの黎明期から多くのハッカーによって書かれ遊ばれていました。監修者（阿部）はMaze_War（https://ja.wikipedia.org/wiki/Maze_War）の Star 版を見たことがあります。
　　　筆者（石原）は、それから10年以上経ったあと、ファミコン版の『ウィザードリィ』や「女神転生」をノートに迷路を記録しながら夢中で遊んでいたことを思い出します。

Scratchを改造して独自拡張機能を作ってみよう

Special 終章

　これまで紹介したプロジェクトを応用すれば、Scratchを使って多彩なプログラム、例えばアニメやゲームが作成できることを実感してもらえたのではないでしょうか。こうしたプログラムを一から自分で作ってみてもいいですし、Scratchのサイト上で公開している各プロジェクトをリミックスして改造するところから始めるのもいいでしょう。

　Scratch自体は、JavaScript実行環境の1つであるNode.jsで作られています。

　Scratchの中身（ソースコード）は、GitHub^{注1}というウェブサービスで公開されています。誰でも、そのウェブサービスにアクセスして、Scratchのソースコードを見たり入手したりすることができるのです。

　GitHubで公開されているプログラムは、Scratchのリミックスと同じような、「フォーク（fork: 食器のフォークのように枝分かれするという意味）」という操作でコピーした上で、修正したり改造したりすることができます。

　そこで本章では、Scratchそのものを改造して自分だけのオリジナルのブロックを作る方法を紹介します。

 ## Scratchを手元のパソコンで動かしてみよう

　Scratchを改造するための準備として、必要なツールをインストールした上で、Scratchのソースコードをダウンロードし、自分のパソコンでScratchを動かしてみます。本来はフォークするのがGitHub流のやり方ですが、フォークするにはGitHubのアカウントが必要（13歳以上が対象）なので、ここではより手軽な、ソースコードをダウンロードする方法を紹介します。

　Scratchを動かすには、Node.jsが必要なので、最初にNode.jsをインストールします。

　Node.jsは、次のサイト（ **https://nodejs.org/ja/** ）からダウンロードできるインストーラー

注1　GitHub上には、多くのソフトウェアやプログラミング言語、開発者用のツールのソースコードが誰でも利用できる形で公開されています。例えば、「新型コロナウイルス接触確認アプリ COCOA」（ **https://github.com/cocoa-mhlw/cocoa** ）や「東京都 新型コロナウイルス感染症対策サイト」（ **https://github.com/tokyo-metropolitan-gov/covid19** ）の中身もGitHubで公開されています。

を使って、インストールできます。推奨版をインストールしておきましょう（**図1**）。インストーラーの説明は英語ですが、選択肢はデフォルトのまま変更せず、「次へ」を押し続けてインストールします。

図1 サイト（ **https://nodejs.org/ja/** ）からダウンロードする

　次にNode.jsのライブラリをインストールするときに必要となるGitをインストールします。次のサイト（ **https://git-scm.com/** ）からダウンロードできるインストーラーを使って、インストールします（**図2**）。こちらも、インストーラーの説明は英語で表示されますが、選択肢はデフォルトのまま変更せず、「次へ」を押し続けてインストールしてください。

図2 サイト（ **https://git-scm.com/** ）からダウンロードする

ソースコードを編集するにはエディターが必要です。もし今までにエディターを使った
ことがなければ、Visual Studio Codeをインストールしておきましょう（**図3**）。次のサイ
ト（**https://code.visualstudio.com/**）よりインストーラーをダウンロードし、インストール
します。

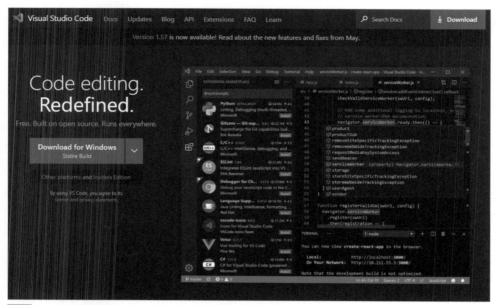

図3　サイト（**https://code.visualstudio.com/**）からダウンロードする

　次に、Scratchのソースコードをダウンロードします。
　Scratchのソースコードは次のサイト（**https://github.com/llk**）で公開されています（**図
4**）。llkは、Lifelong Kindergartenの略で、Scratchを開発しているところです。公開され
ているリポジトリ（ソースコードの保存場所のことをこう呼びます）を見てみると、
scratch-gui、scratch-vm、scratch-blocksなどいくつかのパーツに分かれており、これらが
組み合わさってScratchができています。

図4 Scratchの中身が公開されているサイト（ **https://github.com/llk** ）

　手元のパソコンでScratchを動かすのに必要となるのはscratch-guiです。「scratch-gui」のタイトルをクリックしてscratch-guiのページに移りましょう。

　画面右側、緑色の「 Code 」というボタンをクリックし、次に「 Download ZIP 」をクリックすると（**図5**）、scratch-gui-develop.zipファイルのダウンロードが始まります。

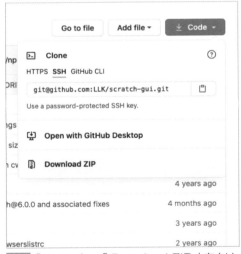

図5 「 Code 」→「 Download ZIP 」をクリックする

scratch-gui-develop.zipのダウンロードが終わったら、scratch-gui-develop.zipをダブルクリックして解凍し、scratch-gui-developフォルダーを作業用の適当な場所、例えばWindowsであれば「ドキュメント」フォルダー（MacOSであれば「書類」フォルダー）に移動します。

「スタート」アイコンをクリックし、Windows PowerShellのフォルダーを選んで、Windows PowerShellを選びます（**図6**）。MacOSであれば「アプリケーション」>「ユーティリティ」>「ターミナル」を起動してください。以降「Windows PowerShell」となっている個所は「ターミナル」に読み替えてください。

図6 Windows PowerShell を選ぶ

Windows PowerShell上で次のように入力し、scratch-gui-developフォルダーに移動します（**図7**）。「~」はチルダといい、自分のホームディレクトリ（C:¥Users¥[ユーザー名]）を入力する代わりとして使うことができます。

```
cd ~/Documents/scratch-gui-develop
```

Windows PowerShell
PS C:¥Users¥   > cd ~/Documents/scratch-gui-develop
PS C:¥Users¥   ¥Documents¥scratch-gui-develop> _

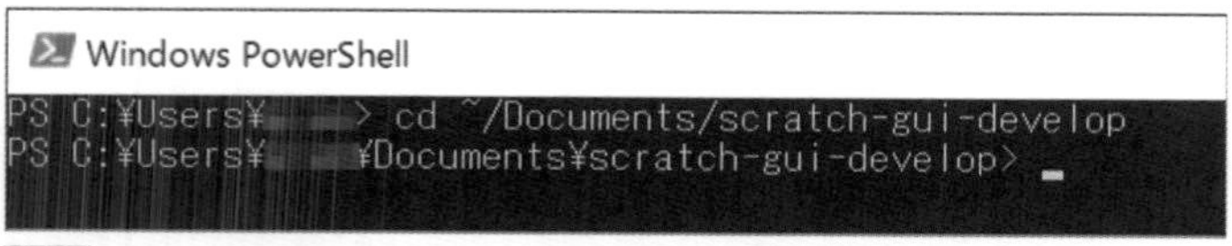

図7 scratch-gui-developフォルダーに移動する

次に以下を実行して、必要なライブラリをインストールします。

```
npm install
```

後ほど登場する拡張機能のコードは、ここでインストールされるライブラリのうちの1つ、scratch-vmの中にあります。

いくつかnpm WARNで始まる警告が表示されますが、npm ERR!で始まるエラーがでていなければ成功です（**図8**）。エラーが出てしまった場合には、209ページの「npm install が失敗する場合」を参照してください。

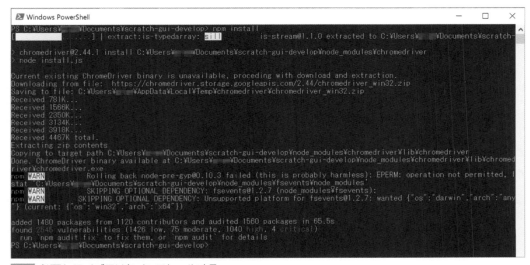

図8　必要なライブラリをインストールする

ライブラリのインストールが終わったら、次のように入力して、Scratchを起動します。このときに、ファイアウォールでブロックされている旨の警告が表示される場合は、「アクセスを許可する」をクリックして（次ページの**図9**）、このアプリに関してはブロックを解除します。

```
npm start
```

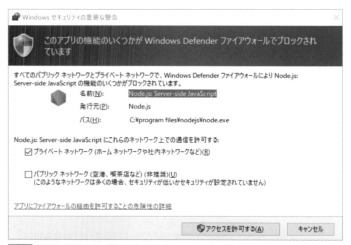

図9 警告画面では「アクセスを許可する」をクリックする

Windows PowerShell のウィンドウの方に、

`「wdm」: Compiled successfully.`

というメッセージが最後に表示されていれば、成功です。

ウェブブラウザから **http://localhost:8601** にアクセスしてみてください。「共有する」ボタンが押せないなど、メニュー部分が少し違いますが、通常のScratchとほぼ同じ画面が開きます（**図10**）。

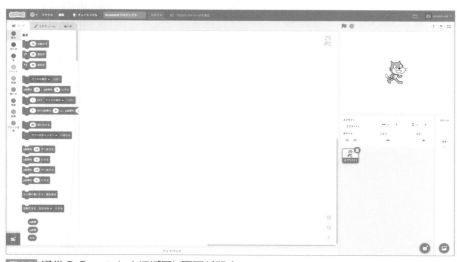

図10 通常の Scratch とほぼ同じ画面が開く

このScratchは、手元のパソコンで動いているあなた専用のScratchです。その証拠に、Windows PowerShellのウィンドウで、コントロールキー + C を入力してScratchを停止してみましょう。ウェブブラウザをリロードすると、今度は **http://localhost:8601** にアクセスできなくなります。

Scratchを改造してオリジナルブロックを作ってみよう

これまでの章で何度か登場した「ペン」の機能は、「拡張機能を選ぶ」の画面から「ペン」の拡張機能を呼び出して使いました。Scratch には、この拡張機能のオリジナル版を自作できる仕組みが用意されています。オリジナルの拡張機能を追加することによって、独自のブロックを使えるのです。

そのためにはまず、npm install でインストールしたライブラリの1つ、scratch-vmのコードを修正します。

「スタート」アイコンをクリックし、Visual Studio Codeのフォルダーを選んで、Visual Studio Code を選びます（**図11**）。メニューから File > Open Folder を選び、「ドキュメント」の下にあるscratch-gui-developを選択して「フォルダーの選択」ボタンをクリックします。選択したフォルダー以下のファイルの作成者を信頼するかどうかを聞いてくるダイアログが開きますので、[Yes, I trust the authors]（信頼する）を選びます（**図12**）。

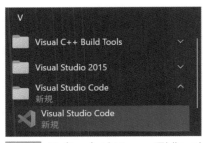

図11 スタートメニューでVisual Studio Code を選ぶ

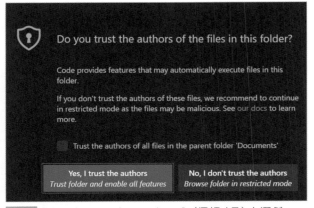

図12 [Yes, I trust the authors]（信頼する）を選ぶ

フォルダーを順に、node_modules > scratch-vm > src > extensions とたどっていき、右クリックで [New Folder] を選んで、scratch3_helloという新しいフォルダーを追加します（**図13a**）。さらにその下に、右クリックで [New File] を選び、index.jsという新しいファイルを作成します（**図13b**）。

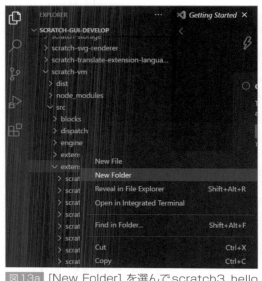

図13a [New Folder] を選んでscratch3_hello
を追加

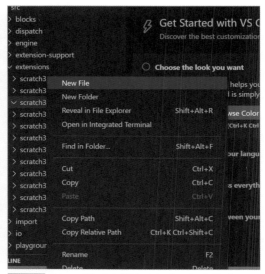

図13b [New File] を選んでindex.jsを作成

これで準備が完了です。さっそく、次のように好きな文字をウェブブラウザのアラートメッセージで表示するオリジナルのブロックを作ってみましょう（**図14**）。

図14 文字をウェブブラウザのアラートメッセージで表示するオリジナルブロック

index.jsの内容を以下に示します（**図15**）。これは、「Hello」という独自の拡張機能の内容を表すプログラムです。

Introduction

Chapter 1

Chapter 2

Chapter 3

Chapter 4

Chapter 5

Chapter 6

Special

Appendix

```javascript
const ArgumentType = require('../../extension-support/argument-type');
const BlockType = require('../../extension-support/block-type');


class Scratch3Hello {
    constructor (runtime) {
        this.runtime = runtime;
    }

    getInfo () {
        return {
            id: 'hello',
            name: 'Hello',
            blocks: [
                {
                    opcode: 'showAlert', ―❶
                    blockType: BlockType.COMMAND, ―❷
                    text: '[TEXT] と表示する', ―❸
                    arguments: { ―❹
                        TEXT: {
                            type: ArgumentType.STRING,
                            defaultValue: "こんにちは"
                        }
                    }
                }
            ]
        };
    }

    showAlert (args) { ―❺
        alert(args.TEXT); ―❻
    }
}

module.exports = Scratch3Hello;
```

図15 独自の拡張機能「Hello」のコード (index.js)

getInfo()の中身がブロックの定義です。

クリックしたとき実行する処理の名前が❶のopcodeで指定されており、ここで指定されている「showAlert」という関数の名前が❺と対応しています。

❷ではブロックのタイプを定義しています。ここではCOMMANDという、クリックしたとき何らかの処理を実行するというブロックタイプを指定しています。

❸ではブロックに表示する内容を指定しています。[TEXT] のように [と] で囲んだ部分は中身を自由に変更できる入力欄として表示され、その内容は次の❹で詳しく定義しています。

❹のargumentsが入力欄の定義で、入力欄の名前がTEXTで、ユーザーからの入力がSTRING（文字列）タイプであること、そして、入力欄に始めから入っているのが「こんにちは」であることを表しています。

❺の showAlert(args) には、ブロックをクリックしたときに実行される処理の内容が書かれています。

❻で引数の中身（args.TEXT）をアラートダイアログで表示しています。

次にフォルダーを node_modules > scratch-vm > src > extension-support とたどり、extension-manager.js を開いて、scratch3_hello が読み込まれるよう、次の通りに編集します（**図16**）。薄緑色の文字で書かれた説明は注釈（コメント）であり、ソースコードの一部ではないので入力する必要はありません。

```
const builtinExtensions = {
    // This is an example that isn't loaded with the other core blocks,
    // but serves as a reference for loading core blocks as extensions.
    coreExample: () => require('../blocks/scratch3_core_example'),
    // These are the non-core built-in extensions.
    pen: () => require('../extensions/scratch3_pen'),
    wedo2: () => require('../extensions/scratch3_wedo2'),
    music: () => require('../extensions/scratch3_music'),
    microbit: () => require('../extensions/scratch3_microbit'),
    text2speech: () => require('../extensions/scratch3_text2speech'),
    translate: () => require('../extensions/scratch3_translate'),
    videoSensing: () => require('../extensions/scratch3_video_sensing'),
    ev3: () => require('../extensions/scratch3_ev3'),
    makeymakey: () => require('../extensions/scratch3_makeymakey'),
    boost: () => require('../extensions/scratch3_boost'),
    gdxfor: () => require('../extensions/scratch3_gdx_for'),    ―最後のカンマも
                                                                    追加

    hello: () => require('../extensions/scratch3_hello')    ―この一行を追加
};
```

図16 extension-manager.jsを開いて、青字の個所を追記する

　続いて、scratch-guiのコードを修正し、Hello拡張機能を「拡張機能」のメニューに追加して選べるようにします。scratch-gui-develop 以下の src > lib > libraries > extensions とたどっていき、index.jsx を開きます。その最後の方に、次（青字で示した個所）を追加します（次ページの**図17**）。

```
<前半部省略>

    {
        name: 'Go Direct Force & Acceleration',
        extensionId: 'gdxfor',
        collaborator: 'Vernier',
        iconURL: gdxforIconURL,
        insetIconURL: gdxforInsetIconURL,
        description: (
            <FormattedMessage
                defaultMessage="Sense push, pull, motion, and spin."
                description="Description for the Vernier Go Direct
Force and Acceleration sensor extension"
                id="gui.extension.gdxfor.description"
            />
        ),
        featured: true,
        disabled: false,
        bluetoothRequired: true,
        internetConnectionRequired: true,
        launchPeripheralConnectionFlow: true,
        useAutoScan: false,
        connectionIconURL: gdxforConnectionIconURL,
        connectionSmallIconURL: gdxforConnectionSmallIconURL,
        connectingMessage: (
            <FormattedMessage
                defaultMessage="Connecting"
                description="Message to help people connect to their
force and acceleration sensor."
                id="gui.extension.gdxfor.connectingMessage"
            />
        ),
        helpLink: 'https://scratch.mit.edu/vernier'
    },    ← 中括弧のあとのカンマを付け忘れないように
    {
        name: 'Hello',    ← 拡張機能の名前
        extensionId: 'hello'    ← 拡張機能のID
    }
];
```

図17 index.jsxを開いて、青字の個所を追記する

196

では、独自の拡張機能が追加されたかどうか、確認してみましょう。先ほど停止した Scratch をもう一度起動し直すため、ターミナルより以下を実行します。

```
npm start
```

ウェブブラウザから http://localhost:8601 にアクセスし、開いた Scratch 画面の左下、ブロックの右上にプラスサインがついた「拡張機能を追加」アイコンをクリックします。「拡張機能を選ぶ」画面の最後に、追加したばかりの「Hello」の拡張機能が選べるようになっているので、選択します（**図18**）。

図18 追加された「Hello」の拡張機能を選ぶ

「Hello」拡張機能が追加され、「『こんにちは』と表示する」というブロックが追加されています（**図19**）。

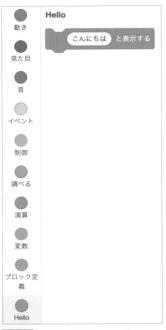

図19 「『こんにちは』と表示する」というブロックが追加された

Introduction

Chapter 1

Chapter 2

Chapter 3

Chapter 4

Chapter 5

Chapter 6

Special

Appendix

さっそく、このブロックを試してみましょう。

「『こんにちは』と表示する」ブロックをスクリプトエリアにドラッグし、入力欄に好きな文字を入力します。例えば、「おはよう」と入力して、ブロックをクリックしてみましょう。次のように「おはよう」というアラートメッセージが表示されます（**図20**）。

図20 「おはよう」というアラートメッセージが表示される

 FizzBuzzブロックを作ってみよう

アラートメッセージを表示するブロックだけでは物足りないので、通常のScratchにはない、与えた数字に応じてFizzかBuzzを返してくれるFizzBuzzブロックを作ってみます。

FizzBuzzとは、新しいプログラミング言語に習熟するための練習としてよく書かれるプログラムです。ある整数を与えたときに、その数字が3の倍数であれば「Fizz」、5の倍数であれば「Buzz」と返すプログラムです。3の倍数かつ5の倍数であるときには「FizzBuzz」と返します。そのほかの数字に対しては、その数字をそのまま返します。

```
npm start
```

上記のように入力して起動したScratchはそのままで、node_modules > scratch-vm > src > extensions > scratch3_helloの下にあるindex.js（先ほど追加したファイルです）を開き、次のコードを追加します（**図21**）。

```
const ArgumentType = require('../../extension-support/argument-type');
const BlockType = require('../../extension-support/block-type');

class Scratch3Hello {
```

```
constructor (runtime) {
    this.runtime = runtime;
}


getInfo () {
    return {
        id: 'hello',
        name: 'Hello',
        blocks: [
            {
                opcode: 'showAlert',
                blockType: BlockType.COMMAND,
                text: '[TEXT] と表示する',
                arguments: {
                    TEXT: {
                        type: ArgumentType.STRING,
                        defaultValue: "こんにちは"
                    }
                }
            }, ── カンマを忘れずに
            {
                opcode: 'fizzBuzz', ── 処理の名前。実際に処理を行う❷の関数の
                                              名前に対応
                blockType: BlockType.REPORTER, ── 値を返すタイプのブロックで
                                                      あることを宣言
                text: '[N] は Fizz か Buzz か?', ── ブロック内の表示。N は
                                              入力欄に入る変数の名前で、❶に対応
                arguments: {
                    N: { ──❶入力欄の変数の名前
                        type: ArgumentType.NUMBER, ── この変数のタイプは
                                              数字である、という意味
                        defaultValue: '1' ── 最初からブロックに入っている値
                    }
```

199

```
                }
            }
        ]
    };
}


showAlert (args) {
    alert(args.TEXT);
}


fizzBuzz(args) {  ──❷ FizzかBuzzかを判定する処理
    let n = args.N  ──❶で定義した N を取り出して n に代入
    if (n % 15 === 0) {
        return 'FizzBuzz'  ──15で割ったあまりが 0、つまり3の倍数かつ5の倍数で
                                            あるときは FizzBuzz と返す
    } else if (n % 3 === 0) {
        return 'Fizz'  ──3で割ったあまりが 0、つまり3の倍数のときは Fizz と返す
    } else if (n % 5 === 0) {
        return 'Buzz'  ──5で割ったあまりが 0、つまり3の倍数のときは Buzz と返す
    } else {
        return n  ──どれでもないときは数字をそのまま返す
    }
}
}

module.exports = Scratch3Hello;
```

図21 index.jsを開いて、青字の個所を追記する

　ファイルを編集して保存すると、ウェブブラウザで開いていた Scratch のページが自動的に更新されるはずです。そうならなかったら、ウェブブラウザのリロードボタンを押して手動でページを更新します。

　もう一度 Hello の拡張機能を追加すると、追加した「『1』は Fizz か Buzz か?」のブロッ

Introduction

Chapter 1

Chapter 2

Chapter 3

Chapter 4

Chapter 5

Chapter 6

Special

Appendix

クが追加されています（**図22**）。

Hello

こんにちは と表示する

1 は Fizz か Buzz か?

図22 追加されたFizzBuzzブロック

「『1』は Fizz か Buzz か?」ブロックを利用して、1から100までの数を、必要であれば FizzまたはBuzz、あるいはFizzBuzzとネコが発するプログラムを作ってみます。「スプライト1」（ネコ）のスプライトを選んで、次のコードを追加します（**図23**）。

が押されたとき

変数 ▼ を 1 にする

100 回繰り返す

変数 は Fizz か Buzz か? と 2 秒言う

変数 ▼ を 1 ずつ変える

図23 1から100までの正数を試すコード

緑の旗をクリックしてプログラムを開始します。以下は15まで数え上げた際に、ネコが15をFizzBuzzに言い換えているところです（次ページの**図24**）。

 図24 15（3の倍数かつ5の倍数）を試した結果

　もちろん、FizzBuzzの処理自体をScratchのプログラムで書くことはできますが、拡張機能にすることで、一個のブロックにまとめることができました。このブロックを使うことで、プログラムを短く、見通しのよいものにすることができるのです。

APIに接続できるブロックを作ってみよう

　JavaScriptで書ける処理であれば、ほぼどんなことでも拡張機能として追加することができます。

　もう少し実用的な例として、APIが公開されているウェブサービスに接続し、その内容を取得して解析する拡張機能を作ってみます。ウェブサービスの中には、その機能や情報を外部のプログラムから読み出して利用するための窓口となるAPI（アプリケーション・プログラミング・インタフェースの略）が公開されているものがあります。こうしたAPIを利用して情報を取得し、活用するブロックを作ってみましょう。

　今回は気象庁が公開している天気予報のAPI[注2] を利用して予報の概要を取得し、それをネコのスプライトに言ってもらいます。

　再び node_modules > scratch-vm > src > extensions > scratch3_hello の下にある index.js を開き、今度は次の通り、ブロックを定義している部分と、呼び出される処理を表した関数の部分を書き換えます（**図25**）。

注2　気象庁の天気予報APIの参考情報は以下です。
　　　・ゼロからはじめるPython(75) Twitterで話題になった気象庁の天気予報APIをPythonで使ってみよう｜マイナビ　ニュース
　　　　ビジネス情報メディア TECH+
　　　　https://news.mynavi.jp/article/zeropython-75/
　　　この天気予報APIは予告なく仕様が変わる可能性があるという意味で公式のAPIではないのですが、気象庁の利用規約
　　　（ https://www.jma.go.jp/jma/kishou/info/coment.html ）に反しない限り自由に利用することができます。
　　　https://twitter.com/e_toyoda/status/1364504338572410885

Introduction

Chapter 1

Chapter 2

Chapter 3

Chapter 4

Chapter 5

Chapter 6

Special

Appendix

```
const ArgumentType = require('../../extension-support/argument-type');
const BlockType = require('../../extension-support/block-type');


class Scratch3Hello {
    constructor (runtime) {
        this.runtime = runtime;
    }


    getInfo () {
        return {
            id: 'hello',
            name: 'Hello',
            blocks: [
                {
                    opcode: 'fetchJson',    ―処理の名前。実際に処理を行う❹の関数の
                                                        名前に対応
                    blockType: BlockType.REPORTER,    ―値を返すタイプのブロックで
                                                        あることを宣言
                    text: '[URL] よりJSONデータを取得する',    ―ブロック内の表示
                                            URL は入力欄に入る変数の名前で、❶に対応
                    arguments: {
                        URL: {    ―❶入力欄の変数の名前
                            type: ArgumentType.STRING,    ―この変数のタイプは
                                                        文字列である、という意味
                            defaultValue: 'https://'    ―最初からブロックに
                                                            入っている値
                        }
                    }
                },
                {
                    opcode: 'parseJson',    ―処理の名前。実際に処理を行う❺の関数の
                                                        名前に対応
```

```
            blockType: BlockType.REPORTER,  ― 値を返すタイプのブロックで
                                                  あることを宣言
            text: 'JSON: [DATA] より キー : [KEY] の値を取得する',  ―
ブロック内の表示。DAYA および KEY は入力欄に入る変数の名前で、それぞれ❷と❸に対応
            arguments: {
                DATA: {  ―❷1つ目の入力欄の変数の名前。JSON 形式のデータを
                                                         入れる
                    type: ArgumentType.STRING,  ― この変数のタイプは
                                                    文字列である、という意味
                    defaultValue: '{"key": "value"}'  ―最初から
                                                    ブロックに入っている値
                },
                KEY: {  ―❸2つ目の入力欄の変数の名前。キーを入れる
                    type: ArgumentType.STRING,  ― この変数のタイプは
                                                    文字列である、という意味
                    defaultValue: 'key'  ―最初からブロックに入っている値
                }
            }
        }
    ]
    };
}


fetchJson(args) {  ―❹API に接続し、JSON 形式のデータを取得
    return fetch(args.URL).then(response => response.text())
}


parseJson(args) {  ―❺JSON 形式のデータから、指定されたキーに対応する値を取得
    return JSON.parse(args.DATA)[args.KEY]
}
}

module.exports = Scratch3Hello;
```

図25 index.jsを開いて、青字の個所を追記する

204

　このファイルを保存してページが自動的更新されるのを待つか、ウェブブラウザのリロードボタンを押して手動でページを更新します。Hello の拡張機能を追加すると、「『https://』より JSON データを取得する」と「JSON:『{"key": "value"}』より キー：『key』の値を取得する」の２つのブロックが追加されています（**図26**）。

図26　２つのブロックが追加される

　これらのブロックは通常はセットで使うことになります。最初のブロックの入力欄にアクセスしたいAPIのURLを入力して実行すると、JSON形式でデータを取得することができます。次に、２つ目のブロックの、１つ目の入力欄にはAPIから取得したデータを入れ、２つ目の入力欄には欲しい情報に対応するキーを指定します。

　「『https://』より JSON データを取得する」ブロックの『https://』の部分には、以下を入力してみましょう。

https://www.jma.go.jp/bosai/forecast/data/overview_forecast/130000.json

　これは東京都の天気予報の概要を取得できるAPIで、最後の130000における最初の２つの数字は都道府県コードです（東京の都道府県コードは13です）。
このAPIにアクセスすると次のようなJSON形式のデータが返ってきます（次ページの**図27**）。

```
{
    "publishingOffice": "気象庁",
    "reportDatetime": "2021-06-22T16:46:00+09:00",
    "targetArea": "東京都",
    "headlineText": "伊豆諸島南部では、高波に注意してください。",
    "text": "　前線が華南から伊豆諸島付近を通って、日本の東へのびています。一方、日
本海中部には高気圧があって南へ移動しています。\n\n　東京地方は、曇りとなっています。
\n\n　２２日は、気圧の谷や湿った空気の影響を受けるため、曇りで、雨の降る所がある見込
みです。\n\n　２３日は、気圧の谷や湿った空気の影響により、曇りで、朝から昼前は雨とな
るでしょう。伊豆諸島では、朝から昼過ぎにかけて激しい雨の降る所がある見込みです。\n\
n【関東甲信地方】\n　関東甲信地方は、曇りで、雷を伴い激しい雨の降っている所がありま
す。\n\n　２２日は、気圧の谷や湿った空気の影響を受けるため、曇りで、雷を伴い激しい雨
の降る所がある見込みです。\n\n　２３日は、気圧の谷や湿った空気の影響により、曇りで、
雨の降る所がある見込みです。長野県では、午後は雷を伴い激しく降る所があるでしょう。\
n\n　関東地方と伊豆諸島の海上では、２２日から２３日にかけて、うねりを伴い波が高いで
しょう。船舶は高波に注意してください。"
}
```

図27 取得したデータの例

　取得したデータから"headlineText"というキーに対応した値だけを取得してみましょう。
「JSON：『{"key": "value"}』より キー：『key』の値を取得する」のブロックの『{"key": "value"}』にはAPIにアクセスして得たデータを、『key』の部分には「headlineText」を入力します。
　「スプライト1」（ネコ）のスプライトのコードは次のようになります（**図28**）。

図28 ネコのコード

　緑の旗をクリックしてプログラムを実行してみた様子を次に示します（**図29**）。

Introduction

Chapter 1

Chapter 2

Chapter 3

Chapter 4

Chapter 5

Chapter 6

Special

Appendix

図29 実行例

　このように、気象庁の天気予報のAPIから、予報に関する情報を取得することができました。他にもさまざまな情報を取得できるAPIが公開されているので、インターネット上で探してみて、いろいろと試してみましょう。

　以上、Scratchの拡張機能を実際に作ってみながら、その基本を紹介しました。拡張機能についてもっと詳しく知りたければ、以下の非公式ではありますがScratchの日本語Wikiページをはじめ、インターネット上にあるScratchの拡張機能に関する情報を調べてみましょう。

・Scratch 3.0の拡張機能を作ってみよう
　https://ja.scratch-wiki.info/w/index.php?curid=3226

　先に紹介したGitHub上には、機械学習を使って画像を認識できるML2Scratchや TM2Scratch、Scratchに付属する公式のmicro:bit拡張よりも高機能なMicrobit Moreなど、さまざまな独自拡張機能のソースコードが公開されています。拡張機能の作り方を学ぶに

は、これらを参考にしてみるのも良いでしょう。

・ML2Scratch
　https://github.com/champierre/ml2scratch
・TM2Scratch
　https://github.com/champierre/tm2scratch
・Microbit More v2
　https://github.com/yokobond/mbit-more-v2
・上記の拡張機能をはじめ、さまざまな独自拡張機能を利用できる Stretch3
　https://stretch3.github.io/

　また、Scratch を改造しなくても拡張機能部分だけ（index.js のコードだけ）を自分で用
意し、それを動的に読み込むことができる仕組みもいくつかあるので紹介しておきます。

・Xcratch
　https://xcratch.github.io/index-ja.html
・E羊icques（エヤンギーク）
　https://sheeptester.github.io/

npm install が失敗する場合

npm install を実行した結果、

```
npm ERR! No git binary found in $PATH
```

と表示される場合は、Git がインストールされていないか、インストールがうまくいっていない可能性があります。Git のインストールをもう一度やり直してみてください。

そのほかの理由で失敗する場合には、npm ERR! のところに表示されるエラーメッセージをキーワードにして検索し、原因を調べて対処するようにしてください（図30）。

図30 npm install が失敗した例

Scratch 3.0の始め方

　Scratch 3.0は、インターネットに接続しているパソコンやタブレット機器（Android端末やiPad）で、次のウェブブラウザを使って利用できます。ちなみに、Internet Explorerはサポートされていません。

【パソコンの動作推奨ウェブブラウザ】
・Chrome（バージョン63以上）
・Edge（バージョン15以上）
・Firefox（バージョン57以上）
・Safari（バージョン11以上）

【タブレット機器の動作推奨ウェブブラウザ】
・Mobile Chrome (バージョン63以上)
・Mobile Safari (バージョン11以上)

　どのOSで使えるか、あるいはどのウェブブラウザで使えるかといった動作環境についての最新の情報は、Scratchのウェブサイトに掲載されている「よくある質問と答え（FAQ）」の「Scratchの動作推奨環境は？」に載っています。

・よくある質問と答え（FAQ）
　https://scratch.mit.edu/info/faq

　ウェブブラウザを起動して、次のアドレスにアクセスすると、Scratchのサイトを開くことができます（**図1**）。
　https://scratch.mit.edu/

Introduction

Chapter 1

Chapter 2

Chapter 3

Chapter 4

Chapter 5

Chapter 6

Special

Appendix

図1 Scratchのサイトのトップページの例

 アカウントの作成

Scratchで作ったプログラムをクラウドに保存したり、Scratchのサイト上にコメントを残したりするには、専用のアカウントが必要です。

プロジェクトとプログラムと作品

Scratchでは、プログラムを「プロジェクト」という形で管理します。さらにScratchでは、プログラムを「作品」と呼びます。そのため、プロジェクトとプログラムと作品は、同じ意味で使われることがあります。

すぐにでもアカウントを作成したいところですが、アカウントを作るということはScratchのコミュニティーに参加するということです。Scratchのコミュニティーには特有のルールも多いので、「Scratchコミュニティーのガイドライン」をよく読んで、これを守れようであれば、右上の「Scratchに参加しよう」をクリックして、アカウントを作成しましょう（次ページの**図2**）。

また、16歳未満の場合は、自身ではなく保護者の方にアカウントを登録してもらいま

しょう。これは、Scratchの方針（プライバシーポリシー）および利用規約によるものです。

・Scratchコミュニティーのガイドライン^{注1}
https://scratch.mit.edu/community_guidelines

図2 「Scratchに参加しよう」をクリックしよう

最初の画面で、ユーザー名とパスワードを設定します（**図3**）。

図3 ユーザー名とパスワードを設定しよう

ユーザー名には半角英数字（アルファベットと数字）かハイフン（ - ）、アンダーバー（ _ ）を使うことができます。ニックネームなどの「本名ではない」ユーザー名を入力します。

注1　このページの下部にある言語設定により、表示される言語は異なります。言語設定を指定することにより、表示言語を変更して日本語や英語などで表示ができます。

本人が特定できてしまう情報をユーザー名に含めるのは、安全ではないからです。

　パスワードには6文字以上の文字列を入力しましょう。同じ文字列を「パスワードの確認」にも入力して、「次へ」のボタンをクリックします。

　その次の画面では、どこに住んでいるか国または地域を選択して「次へ」をクリックします（図4）。

図4　国または地域を選択しよう

　次に生まれた年と月、性別をそれぞれ指定します（図5a、図5b）。

図5a　生まれた月と年を指定する　　　図5b　性別を指定する

　電子メールアドレスの欄には、あなた、または保護者のメールアドレスを入力します（次ページの図6a）。「電子メールアドレスの確認」にも、同じメールアドレスを入力します。

「アカウントを作成する」をクリックすると、不正防止のために、指定されたものが写っている写真を選ぶCAPTCHAが表示されるので、指示に従います（**図6b**）。

図6a　電子メールアドレスを入力する　　図6b　CAPTCHAの指示に従う

　以上でユーザー登録は終了です。「はじめよう⇒」のボタンをクリックします（**図7**）。

図7　「はじめよう⇒」のボタンをクリックする

　ログインした状態でScratchのサイトに戻ります（**図8**）。右上にユーザー名が表示されます。

図8 ログインした状態でScratchのサイトに戻ったときの画面例

アカウント作成を完了するには、メールアドレスの確認が必要です。件名が「Confirm your Scratch account」というメールが、先ほど入力したメールアドレスの受信箱に届いているはずなので、そのメールを開き、「アカウントを認証する」ボタンをクリックしてメールアドレスの確認を行いましょう（**図9**）。

16歳未満の場合は、保護者のメールアドレスあてに同様のメールが届きますので、同じようにメールアドレスの確認を行ってもらいましょう。

図9 メールが届くので「アカウントを認証する」をクリックする

ふたたび、ホビープログラミング

40年前と比べると、コンピューターはあらゆる分野に浸透し、それを動かすためのプログラムもいたるところで用いられるようになりました。

0と1だけの機械語と比べて、人間の言葉に近い高級言語も、FORTRANから始まって、COBOL、LISP、PL/I、BASICくらいしかなかった時代から、本書でも紹介しているScratch、Python、Ruby、Processing、JavaScriptなどが広く使われるようになりました。この間のハードウェアとソフトウェアの進歩には目を見張るものがあります。

その一方で、プログラムは作るものから、使うものへと変わっていきました。1980年代のパッケージソフトウェアの登場から始まり、近年ではクラウド上のアプリケーションを必要に応じてウェブブラウザーで開いて使うことが当たり前になりました。業務で使うアプリケーションの開発には、高度に専門的な知識と技術が要求され、もはや1人でどうにかできるものではなくなっています。これはゲーム機で動かす大規模なRPGなどでも同じです。

このように便利で豊かになった私たちの社会ですが、その中で失われたものもあります。それは趣味としてのプログラミング、ホビープログラミングです。マイコン（マイクロコンピューター）でBASICを起動し、寸暇を惜しんでは、黒い画面に緑色の文字を入力して、RUNを押す瞬間のドキドキ感。昨今は、この感動を経験する機会が少なくなっているのではないでしょうか。

プログラミングは、本来は楽しいもの、面白いものであったはずです。そこには、明確な目的や合理性はなく、ただ自分がやりたいからやっていただけでした。

本書で取り上げているさまざまなプログラム例は、それをやったからと言って、直ちに何かの役に立つというものではありません。これで、資格が得られたり、お金がもらえたりするわけでもありません。ただ、その過程において、知的な興奮が得られるはずです。わからなかったことがわかるようになる、できなかったことができるようになる、そして、ひとつのことがわかっても、さらに新しい疑問が生まれるという連鎖を、ぜひ経験してもらえればと思います。

私は、これこそが、本来のリベラルアーツ（人間を自由にする学問）だと信じています。

2021年7月23日　阿部 和広

参考文献

● 作る楽しさを「すべての年齢の子どもたち」に
ウェブ掲載のインタビュー記事
「Scratchの思想とプログラミング教育 阿部和広」
（Computer Science for ALL）
http://csforall.jp/interview/887/

書籍
『Scratchではじめよう! プログラミング入門 Scratch 3.0
版』（日経BP）
杉浦 学（著）、阿部 和広（監修）
https://www.nikkeibp.co.jp/atclpubmkt/book/19/P60450/

書籍
『ライフロング・キンダーガーテン　創造的思考力を育む
4つの原則』（日経BP）
ミッチェル・レズニック、村井 裕実子、阿部 和広、
伊藤 穰一、ケン・ロビンソン（著）
http://www.nikkeibp.co.jp/atclpubmkt/book/18/P55550/

● 序章
書籍
『Nature of Code – Processing ではじめる自然現象の
シミュレーション』（ボーンデジタル）
ダニエル・シフマン（著）、尼岡 利崇（監修）
https://www.borndigital.co.jp/book/5425.html

● 第2章
ウェブ掲載記事
「モンテカルロ法で円周率を求める
－プログラミング練習問題集」（scrapbox）
増井 俊之（著）
https://scrapbox.io/prog-exercises/モンテカルロ法で円周率を求め
る

● 第3章
書籍
『数学ガールの秘密ノート／丸い三角関数』
（SBクリエイティブ）
結城 浩（著）
http://www.sbcr.jp/products/4797375688.html

● 第4章
書籍
『子どもも大人もたのしく読める 算数&数学ビジュアル図鑑』
（学研プラス）
中村 享史（監修）
https://hon.gakken.jp/book/1340578800

ウェブ掲載記事
「再帰プログラムによるフラクタル図形の描画」（CodeZine）
石立 喬（著）
https://codezine.jp/article/detail/73

書籍
『Pythonからはじめる数学入門』（オライリー・ジャパン）
Amit Saha（著）、黒川 利明（翻訳）
https://www.oreilly.co.jp/books/9784873117683/

● 第5章
ウェブ掲載記事
「【Minecraft】計算機の作り方を分かりやすく解説!
【半加算器】」（ナギサものおき）
烏丸 凪サ（著）
http://nagished.com/game/20170222-minecraft-half-adder/

Scratch作品
「LOGIC BLOCKS」on Scratch by abee
https://scratch.mit.edu/projects/1570442/

書籍
『CODE コードから見たコンピュータのからくり』（日経BP）
Charles Petzold（著）、永山 操（翻訳）
http://www.nikkeibp.co.jp/atclpubmkt/book/03/579100/

● 第6章
YouTube動画
「Coding Challenge#145: 2D Raycasting」
（The Coding Train）
Daniel Shiffman
https://www.youtube.com/watch?v=TOEi6T2mtHo

ウェブ掲載記事
「Raycaster」（Scratch Wiki）
https://en.scratch-wiki.info/wiki/Raycaster

● 終章
雑誌記事
「はじめようジブン専用パソコン 第42回ジャバスクリプトで
スクラッチを拡張しよう」（子供の科学 2020年9月号）
阿部和広（監修・原案）、塩野祐樹（構成・文）
https://www.seibundo-shinkosha.net/magazine/kids/47319/

ウェブコンテンツ
「Scratchを改造しよう」（大人のためのScratch）
石原淳也
https://otona-scratch.champierre.com/books/1/posts

■著者・監修者

石原 淳也（いしはら じゅんや）

ウェブサービスやiPhoneアプリの開発を行うかたわら、アイルランド発の、子どものためのプログラミング道場CoderDojoの日本での立ち上げに関わり、現在はCoderDojo調布を主宰、プログラミングサークルOtOMOで子どもたちにプログラミングを教える活動などを続けている。東京大学工学部機械情報工学科卒。株式会社まちクエスト代表取締役社長。合同会社つくる社代表社員。共著書に『Scratchではじめる機械学習 ―作りながら楽しく学べるAIプログラミング』（オライリー・ジャパン）、『Raspberry Piではじめるどきどきプログラミング増補改訂第2版』（日経BP）。

阿部 和広（あべ かずひろ）

1987年より一貫してオブジェクト指向言語Smalltalkの研究開発に従事。パソコンの父として知られSmalltalkの開発者であるアラン・ケイ博士の指導を2001年から受ける。Squeak EtoysとScratchの日本語版を担当。子供と教員向け講習会を多数開催。OLPC（$100 laptop）計画にも参加。
著書に『小学生からはじめるわくわくプログラミング』（日経BP）、共著に『ネットを支えるオープンソースソフトウェアの進化』（角川学芸出版）、監修に『作ることで学ぶ』（オライリー・ジャパン）など。 NHK Eテレ『Why!? プログラミング』プログラミング監修、出演（アベ先生）。
青山学院大学大学院社会情報学研究科特任教授、放送大学客員教授。
2003年度IPA認定スーパークリエータ。元文部科学省プログラミング学習に関する調査研究委員。

カバーデザイン・DTP 石田 昌治（株式会社マップス）
本文デザイン 山原 麻子（株式会社マップス）

■本書に関するサポート情報は、下記ウェブページをご参照ください。なお、本書の範囲を超えるご質問にはお答えできませんので、あらかじめご了承ください。
　https://www.nikkeibp.co.jp/atclpubmkt/book/21/S70140/

Scratchで楽しく学ぶ
アート＆サイエンス 改訂第2版

2018年7月 9日　第1版第1刷発行
2021年8月30日　第2版第1刷発行

著　者	石原 淳也	
監修者	阿部 和広	
発行者	村上 広樹	
発　行	日経BP	
発　売	日経BPマーケティング	
	〒105-8308 東京都港区虎ノ門4-3-12	
印刷・製本	株式会社シナノ	